A SUPERLOTAÇÃO CARCERÁRIA NO DISTRITO FEDERAL

1ª Edição

Brasília – DF

2019

OSMAR FRANCISCO DOS SANTOS JUNIOR

ASUPERLOTAÇÃO CARCERÁRIA NO DISTRITO FEDERAL

1ª Edição

Louvado seja nosso
Senhor Jesus Cristo para
todo sempre amém.

Osmar Francisco dos Santos Junior

A SUPERLOTAÇÃO CARCERÁRIA NO DISTRITO FEDERAL

1ª Edição

Agradecimentos a meu Soberano
Senhor dos Exércitos e Nosso Senhor
Jesus Cristo

Dedico

*AOS MEUS QUERIDOS E
AMADOS FILHOS E
FILHAS, MARCOS JUNIO,
KENZO DERICK, ANA
LUÍSA E RÂNIA.*

SUMÁRIO

7

1. AGRADECIMENTO

Primeiramente a Jeová o meu Deus, pois "Digno és Jeová, sim nosso Deus, de receber a glória, e a honra, e o poder, porque criaste todas as coisas e porque existiram e foram criadas por tua vontade". Revelação, cap. 4, vers. 11.

A o meu Rei e Senhor Jesus Cristo, meu Redentor, que como Deus se fez homem para morre por toda humanidade na Cruz do Calvário. E ressuscitou ao terceiro dia e hoje Reina e pela sua graça estou vivo, Obrigado Senhor Jesus pelo sangue derramado na Cruz por mim.

Salmos 91 versículos 14, o que trago comigo no meu Coração.

À minha Mãe, e Amiga Bernadete Lima dos Santos e ao meu Pai, Herói e Mestre Osmar Francisco dos Santos obrigado a vocês dois pela criação e ensinamentos desde criança até a vim a ser um homem formado, com caráter e honestidade que me propuseram ao longo da vida ao lado dos meus irmãos e irmãs Cássia Jane Lima dos Santos Hemerson Lima dos Santos e Vanessa Lima dos Santos, é impossível não destacar a saudade do meu querido irmão e amigo Romerson Lima dos Santos, aqui abençoou em no nome do Senhor Jesus sua Filha Yasmim Gomes dos

Santos minha sobrinha.   E agradeço   minha cunhada Sarom Rodrigues de Medeiros Lima.

À minha querida Esposa e Companheira Saleth Raimundo dos Santos.

E aqueles que fizeram parte de minha trajetória como amigos de luta na sobrevivência no Paranoá e Itapoã, Flávio Pinto de Souza, Ricardo de Jesus Gomes, Wiltom Benicio dos Santos, Julio Max de Jesus Moraes, Josué Guedes Costa, Hamilton dos Santos e o Amigos de Faculdade em especial ao Dr.   Flávio Soares de Brito e o Dr. Leonardo França Silva , mestres e doutrinadores:

Drª. Prof.ª Celma Nunes Franco Osório, meu agradecimento especial pela amizade, companheirismo e ensino profissional.

Dr. Prof. Danilo da Costa Ribeiro, que me indicou esse nobre tema.

Dr. Prof. Walber M. Mouzinho, meu orientador, agradeço pelos conhecimentos direcionados.

Drª. Josele lima PGDF- PROFIS/ NGD, obrigada por todos os conhecimentos prestados durante o estágio.

Drª. Cristina Melo Gonçalves

Drª. Prof. Daniela Bayama de Almeida

Prof.ª Mara Jane

Drª. Prof.ª Érika Bueno Muzzi

Dr.Prof. Ives Geraldo de Souza

Dr. Prof. Carlos Mazza

Dr. Julião Ambrósio de Aquino

Prof. José Leopoldino das Graças Borges

Dr. Prof. Julio Cesar Fonseca Mollica

Dr. Jorge Marcos

Dr. Prof. Mauro Farias de Lima

Dr. Roberto Cidade

Dr. Prof. Alexandre Moutinho Medeiros

Dr. Prof. Rogério Marcos de Jesus Santos

Dr. Prof. Dario Alberto de Andrade Filho

Prof. Reinaldo Gonçalves Moreira dos Anjos

Dr. Prof. Leonardo Fereira de Souza

Dr. Prof. Wellington Moisés de Oliveira

Dr. Prof. Rômulo Pinheiro Bezerra da Silva

Dr. Prof. Eduardo Silva Cascaes

Dr. Prof. Frederico Soares Alvarenga

Drª. Karla Núbia Rodrigues de Sousa Defensora Pública VEP/NEP- DF

Dr. Nilda Resende Vieira Defensora Pública

Dr. Frederico Ribeiro Raposo Defensor Público VEP/NEP- DF (defensor público)

Dr. Luciano Santos Machado Defensor Público VEP/NEP- DF

Dr. Fernando, dos Santos Ribeiro Defensor Público

Dr. Prof. Rodrigo, de Castro Cabreiro (IESPLAN)

Dr. Glayson Marcos Pimenta (Defensor Público)

IN MEMORIAM

ROMERSON LIMA DOS SANTOS, meu irmão,

IDÁLIA FRANCISCA DE SOUZA, minha tia e madrinha e

Dr JOAQUIM GONÇALVES DE ALENCAR, meu amigo Dr Alencar Advogado residente no Paranoá

11

E meu Irmão, MILTON CÉSAR NUNES RODRIGUES e seu Filho meu Sobrinho MILTON CÉSAR NUNES RODRIGUES JUNIOR.

A minha querida Vó, (Aiá) ANÁLIA FRANCISCA DOS SANTOS e FÁBIO S DA SILVA e EDSON, EDIMAR, HERISON MAIA CÃMARA, CÁSSIO, WESLEY SALES BARROS, AGNALDO filho da dona LIDUVINA e do seu MIGUEL Meu TIO JOÃO CERA, a meu querido Tio ADÃO EMANUEL LIMA DO NASCIMENTO e meu tio CARLOS E MEU QUERIDO AFILHADO RAILTON RODORVALHO

Que já partiram deixando grande saudades e ensinamentos.

A todos aqueles que contribuíram direta e indiretamente para que este trabalho tenha sido realizado, meu pais sincero agradecimento. Todos Familiares Primos Saulo e Samuel, Genésio e Valdemir, Henildo, Hécio, Israel, José Airton, Thiago, compadre do meu pai, João Teotônio da Silva Neto e sua Família, às minhas Tias e Tios em especial ao meu Tio IZAÍAS, aos Amigos FLÁVIO PINTO DE SOUZA e RICARDO DE JESUS GOMES, e todos os outros Amigos e Amigas.

2. RESUMO

Trata de estudo acerca do perfil do Sistema Penitenciário do Distrito Federal, bem como das consequências de uma organização desordenada: a superlotação dos presídios da região em estudo. Para realização da pesquisa utilizou-se análise bibliográfica sobre aspectos de diversos âmbitos do Direito tais como Direito Penal, Criminologia e Constitucional, além de apreciação de dados coletados perante o cartório da Vara de Execuções Penais do Distrito Federal. O tema tem ganhado destaque na mídia, sendo alvo de diversas críticas das avançadas e modernas tendências criminológicas na questão do controle social. Neste sentido, objetiva-se analisar a execução penal nas precárias penitenciárias do Distrito Federal, apontando uma Falência do Estado, em relação ao seu dever de garantir os Direitos dos presos neste Sistema carcerário. Objetivando, ainda verificar a reais condições dos estabelecimentos penais do Distrito Federal, quanto ao déficit de vagas, bem como sua capacidade e quais são os estabelecimentos com superlotação. Diante da problemática, analisar qual a solução apontada pelo poder público para solucionar esse caos observando ao mesmo tempo, se está sendo cerceados alguns direitos condizentes com a pessoa humana, e se o grande aumento da população carcerária no Distrito Federal caracterizou no interior dos presididos da Capital da República Federativa do Brasil, um recente meio cruel e degradante durante execução penal. O que é vedado no ordenamento jurídico pátrio. O Distrito Federal encontra-se atualmente na era do grande encarceramento, sendo de suma importância, destacar os riscos que, a superlotação nos presídios do Distrito Federal pode trazer para a sociedade, aferindo também as dimensões do problema social, seus efeitos dentro e fora dos presídios como: aumento no índice de reincidência, e pouquíssimos casos de reinserção social do condenado. Aborda também a postura do Poder Judiciário do Distrito Federal e Territórios, nos julgamentos (fase processual), e na fase de cumprimento da pena privativa de liberdade (execução penal). Nota-se por parte daquele uma morosidade preocupante que contribui para o aumento da população carcerária no DF. Mas há também, em contrapartida, as qualidades desse Poder Judiciário, como a celeridade em alguns julgamentos feitos pelo Tribunal de Justiça do Distrito Federal e Territórios (TJDFT). Abordando ainda o comportamento do preso, sendo que este reflete significativamente, na quantidade de internos, pois o mesmo é elemento subjetivo para a progressão de regime o que desaguará na liberdade do interno, apenado, quando alcançado também o requisito objetivo (tempo). Portanto, o Estado tem um limite na punição e um dever de ressocializar, pois os que se encontram dentro desses presídios também algum dia deram sua parcela de contribuição, devem ser vistos como seres humanos em regimes de readaptação social, pode sim as penitenciárias serem transformadas em hospitais e escolas morais, fortalecendo os valores que são inerentes a todos os seres humanos e respeitando o à dignidade do preso, pois esta sobrepõe a condenação.

Palavras-chave: Sistema penitenciário – Distrito Federal (Brasil), Segurança pública – Distrito Federal (Brasil), Estabelecimento penal, Direito Penal, Criminologia.

3.   ABSTRACT

This study on the profile of Prisons Federal District, as well as the consequences of a disorderly organization: overcrowding of prisons in the region under study. To carry out the research we used literature review on aspects of various areas of law such as Criminal Law, Criminology and Constitutional, and assessment data collected before the notary of the Court of Criminal Executions of the Distrito Federal. The issue has gained prominence in the media, being the target of several criticisms of advanced and modern criminological trends in social control. In this sense, the objective is to analyze the criminal enforcement in poor District Federal penitentiaries, indicating a failure of the state in relation to its duty to ensure the rights of prisoners in the prison system. Aiming also check the actual conditions of prisons in the Federal District, as the deficit of jobs, as well as their ability and what are establishments with overcrowding. Regarding the problem, analyze what the solution proposed by the government to solve this chaos while observing, is being curtailed some rights consistent with the human person, and the large increase in the prison population in Brasilia featured inside chaired the Capital Federative Republic of Brazil, a recent middle cruel and degrading treatment during criminal enforcement. What sealed the national laws. The Federal District is currently in the era of big incarceration, being of paramount importance, highlighting the risks that overcrowding in prisons in the Federal District can bring to society, also gauging the dimensions of the social problem, its effects inside and outside the prisons as an increase in the rate of recurrence, and very few cases of social rehabilitation of sentenced. It also discusses the attitude of the judiciary of the Federal District and Territories, in judgments (procedural stage) and the stage of execution of the sentence of imprisonment (criminal enforcement). It is noted that by one length worrying that contributes to the increase of the prison population in the DF. But there is also, however, the

15

qualities of the Judiciary, as the speed in some judgments made by the Court of Justice of the Federal District and Territories (TJDFT). Also addressing the behavior of the prisoner, and this reflects significantly on the amount of internal, because it is subjective element to the progression of the regime that result in freedom of internal convict, also achieved when the objective requirement (time). Therefore, the state has a limit on punishment and a duty to re-socialize, for those who are inside these prisons also someday have its share of contribution should be seen as human beings in social rehabilitation schemes, yes prisons can be transformed in hospitals and schools moral, strengthening the values that are inherent to all human beings and respecting the dignity of the prisoner, as this overlaps with conviction.

Keyworks: Prison system - Federal District (Brazil), Public Safety - Federal District (Brazil), Establishment criminal, Criminal Law, Criminology.

4. INTRODUÇÃO

A Superlotação carcerária no Distrito Federal é realmente um fato que necessita de ser reconhecido e esclarecido por todos, e que o problema da criminalidade não se resolve somente com o Direito Penal, mas sim com, mudanças sociais que tenham um caráter ressocializador na atual forma de punir. Olhando mais para a questão dos presos provisórios, os quais esperam reclusos por um lapso de tempo muito além do necessário para serem julgados.

O que dá origem a uma enorme população carcerária no Distrito Federal, quebrando o caráter ressocializador da pena privativa de liberdade, contrariando regras constitucionais referentes a dignidade da pessoa humana, proibição de penas cruéis e degradantes, e que poderá se não resolvida tal morosidade, nos julgamentos dos presos provisórios acarretarem um super encarceramento, nas unidades correcionais do Distrito Federal, trazendo futuramente um aumento de chances de rebeliões por parte dos internos.

Houve nos últimos anos um notável processo de evolução, automação, que deu origem a atual era digital que surgiu após a grande globalização. Sendo uma das características desse processo evolutivo, uma falência do Estado na gestão de modo convencional de suas instituições no que se referem às violações as leis e convenções e tratados que o próprio Estado se submeteu em cumprir.

No âmbito do direito penal a situação não é diferente, pois os instrumentos e ferramentas agora utilizados estão obsoletos, ou seja, necessitando urgentemente de mudanças, para que o sistema penal não seja tido como falho, embora uma parcela significante da sociedade insista em afirmar o contrário. Entretanto o Estado o Direito Penal e o Sistema Penal Pátrio não pode se dá essa roupagem se acomodando, deve se moldar a cada dia suas normas, de acordo com as demandas sociais, para bem cumpri sua finalidade que é: atuar como elemento principal no tocante ao controle social da criminalidade.

Sendo assim, o presente trabalho tem por escopo trazer ao debate assuntos relativos à superlotação nos presídios do Distrito Federal, tendo como centro da questão os princípios Constitucionais como o da dignidade da pessoa humana, vedação de penas cruéis e degradantes, visando então, uma maior aproximação do Direito Penal e Sistema penal junto com as normas Constitucionais, e tratados referentes aos Direitos Humanos os quais o Brasil é signatário e prometeu cumpri.

Tudo isso basicamente voltado para os Direitos dos presos assegurados na Constituição da República e também na LEP- Lei 7.210/1984, tendo ainda uma interface com a criminologia, trazendo à baila o importante papel da LEP lei 7.210/1984, lei de execução penal, pois o ponto central é o preso e a forma de execução da pena aplicada pelo juiz, e se a sanção estatal está realmente cumprindo a suas funções precípuas as quais são punir o criminoso retribuindo o mal que causou a sociedade e em seguida o ressocializar colocando de volta no seio da sociedade.

Porém, o Estado tem sido omisso em certos aspectos, quando a questão é o sistema penitenciário o descaso é enorme sendo então tal desrespeito o estopim da anomia, sendo frutos dessa ausência do Estado presídios superlotados e um grande risco eminente de rebeliões.

Atualmente o Distrito federal vive um momento sensível em seu Sistema Penitenciário, sendo um dos seus maiores obstáculos a superlotação e a falta de funcionários tudo isso devido a não existência de estabelecimentos penais com capacidade para acolher todos presos, sejam provisórios ou condenados, então é o que se cobra das autoridades Públicas com extrema urgência. Pois, tal quadro gera em toda sociedade uma sensação de insegurança, abandono, e revolta por parte da população carcerária do Distrito Federal.

Diante do exposto este estudo pretende discutir a Superlotação carcerária no Distrito Federal considerando o caos e as violações aos direitos humanos, com penas degradantes e cruéis no cenário atual de falência do Estado no que diz respeito a ressocialização do condenado, quando na verdade poderiam estar retornando para vida em sociedade reabilitando- se criminalmente. Assim, explanamos os objetivos deste trabalho.

Analisar as reais condições de vida dentro das penitenciárias do Distrito Federal e a necessidade da criação de novos presídios, apontando outras medidas de combate ao déficit de vagas, sendo uma delas a revisão completa no texto da lei de execução penal, com inserção de princípios norteadores dos direitos humanos. Exigindo do condenado ao mesmo tempo uma autovalorização, e um sentimento de respeito e solidariedade com os demais presos, pondo de lado a revolta, e dando lugar para a virtude da resilição em prol da reabilitação que nasce após o cumprimento da pena, seja no Distrito Federal ou em qualquer lugar do Brasil.

Assim, temos como objetivos específicos:

a. Realizar estudo sobre a capacidade de recolhimento de presos de cada estabelecimento penal do Distrito Federal, e o atual quantitativo de presos existente;

b. Demonstra o conceito da pena e sua origem juntamente com limite do poder punitivo estatal.

c. Indicar por meio de estudo bibliográfico iniciativas que podem ser consideradas para aplicação nas instituições penais em questão;

d. Discutir a importância da sociedade na reabilitação do condenado, assim como a urgente mudança de comportamento por parte do preso, no cumprimento da pena, e depois também, ou seja, exigir dos presos uma reflexão e maior disciplina.

e. Por meio de um intenso estudo e de uma ótima orientação, pretende-se investigar o problema, com vista a colaborar para estudos mais específicos e aprofundados sobre a questão levantada.

5. ASPECTOS HISTÓRICOS DAS PENAS

2.1 ESCOLA CLÁSSICA

Os povos modernos tiveram o prazer de verem o nascimento das correntes do pensamento filosófico – jurídico em matéria penal e também em criminologia: uma delas é a Escola Clássica que teve seu surgimento ao fim do século XVII, no ano de 1876, sendo a segunda a positiva, por mais que tenham sido formadas e se diferenciado uma da outra, as duas são a nata da cultura iluminista. E de acordo com Júlio Fabbrini Mirabete:

> As ideias fundamentais do iluminismo expostas magistralmente por BECCARIA estão nas obras de vários autores que escreveram na primeira metade do século XIX e que são reunidos sob a denominação de ESCOLA CLÁSSICA, nome que foi criado pelos positivistas com sentido pejorativo, mas que hoje serve para reunir os doutrinadores dessa época. (MIRABETE; FABBRINI, 2010, p. 19).

Sendo a principal característica da Escola Clássica, o fato de ter se projetado sobre a problemática e os ideais filosóficos e o *ethos* político do Humanismo racionalista, pressupostamente a racionalidade do homem somente se indagaria, no tocante a própria racionalidade da lei. São adeptos dessa mesma escola Clássica filósofos como: Cesare Beccaria, Romagnosi, Giovanni Carmignani, Von

Fewerbach, Pelgrino Rossi, Mello Freire, Filangieri, e tantos outros filósofos, de vários lugares da Europa como Alemanha, Itália.

Na verdade esses Autores não atuavam quanto "escola", pois somente tinham algumas ideias em comum, que eram passíveis de serem sintetizadas, e mais precisamente após o advento da Obra do mais importante desses autores: e seu maior expoente, **Francesco Carrara**, pois foi o criador da nobre obra: *Programa Del corso di diritto criminale*, publicada em de1859.[1]

GAUER, Ruth Maria Chittó (ORG.). Criminologia e sistemas jurídico-penais contemporâneos II. Porto Alegre: EDIPUCRS, 2010. 352 p.

Basicamente antecedeu ao pensamento positivista, pois os seus adeptos acreditavam que, o indivíduo tem o livre arbítrio podendo fazer um juízo de valor tal como cometer ou não um delito, porém, dizia que caso uma pessoa viesse a cometê-lo, teria de ser responsabilizado pelo crime que cometeu recebendo um a sanção pena.

Em um determinado momento histórico teve o árduo trabalho de debater sobre justiça providencial e justiça humana, almejando com seus trabalhos uma espécie de soberania popular em detrimento do absolutismo, exigindo se sempre os Direitos e garantias dos indivíduos.

Ponto principal baseava se em dizer que a sociedade necessitava da essência da lei penal, porém de certo modo existia um limite pessoal ditado pelo próprio cidadão em tal pena, devido aos princípios morais e éticos como instrumentos sociais utilizados para regularem a ordem social por meio de tais princípios éticos, pois todos os integrantes do corpo social têm direitos, e quando esses são violados nasce o crime, e a pena surge como um meio do estado manter a ordem social e a paz pública[2].

[2] TZITZIS, Stamatios. **Filosofia penal**. trad. Mário Ferreira Monte Legis, 1994. 123 p. (La Philosophie Pénal).

Já naquela época se preocupava com o fato criminoso e seu agente causador, sempre usando como centro de seus estudos jurídicos do delito e da pena, o conjunto de normas jurídicas que visavam reprimir o crime, baseando se no fato da responsabilização penal dos criminosos. Para Carrara, o crime não é um ente de fato, é um ente jurídico, não é uma ação, é uma infração.[3]

[3] KRAMER, Maurício. Síntese histórica do pensamento jurídico: Direito Penal Romano, Germânico, Comum e Canônico. Escolas e tendências penais: Escola Clássica, Primitiva e Técnico-juridico. Evolução histórica do direito penal Brasileiro o período colonial, império e republicano. 2009. Disponível em: http://www.ebah.com.br/content/ABAAAAsC8AE/direito-penal. Acesso em: 26 nov. 2012.

Ou seja, é um ente jurídico porque sua essência deve consistir necessariamente na violação de um Direito. Por meio desse pensamento visava dizer que o crime é simplesmente a violação de um Direito como exigência racional e não como norma de Direito positivo. Em uma claríssima alusão ao pensamento Contratualista. Então sendo crime algo exigível racionalmente, só poderia ele emergir da liberdade de querer de certa forma como um axioma totalmente necessário para sistema Punitivo.

Nascendo daí o denominado livre arbítrio, que é tão somente nada mais que, a base da atribuição de um a pena proporcional e um enorme alvo de críticas por parte dos Positivistas, pois para os Clássicos a pena, tinha um caráter retribuitivo juridicamente, como um objetivo de restabelecer a ordem jurídica que sofreu a violação.

A pena, como negação da negação do Direito (segundo Hengel), ou o justiçamento do último assassino que se acha – se na prisão, caso a sociedade fosse dissolver (segundo Kant) são exemplos de como a pena tinha como objetivo o restabelecimento da ordem jurídica violada. Evidentemente o método de estudo subjacente a essa forma de pensar não poderia ser experimental, mas sim o método lógico – abstrato ou dedutivo. (SHECAIRA, 2008, p. 97-100).

6. AS PENAS E O SEU HISTÓRICO EVOLUTIVO

A pena tem sua origem histórica nas épocas distante onde era aplicada de forma vil, sua função é a de agir como uma resposta imediata, a algum tipo de conduta tida por parte do ordenamento público como criminosa. E uma vingança estatal, sendo que já eram aplicados com supedâneo na religião, visando purgar, expiar erros cometidos por membros de bandos, tribos e clãs, os quais conviviam em um concreto estado de Beligerância, Como uma reação natural, sendo inerente ao ser humano.

O nobre Marquês de Beccaria em seu livro: Dos delitos e Das Penas: descreve os tipos de penas aplicadas aos delinquentes naquele tempo. Embora, tais penas fossem desumanas eram prestigiadas por muitos como se fosse um espetáculo público, são alguns modelos de penas relatadas por Cesare Beccaria no seu pequeno, porém precioso livro: o suplício, tortura, pena de morte e a de infâmia, até os delitos da época eram diferentes dos de hoje em dia como, por exemplo: o de lesa majestade, um dos crimes relatados em sua obra literária, foi o fato de uma mulher que se despiu enfrente a estátua do soberano, vindo a ser condenada a pena de morte. [4]

[4]BECCARIA, Cesare marchese di. Dos delitos e das penas. 2 ed., rev. e atual. . São Paulo: Revista dos tribunais, 1999. 149 p. (RT Textos Fundamentais).

Hoje vivemos num mundo civilizado, não mais se admitindo comportamentos iguais aos dos povos bárbaros, como dos conquistadores, que eram governados por um príncipe, déspota, monarca, que teve seu reinado em Constantinopla, há doze séculos aproximadamente. E aplicava todas essas penas cruéis, nos dias atuais termos técnicos, o que temos de mais próximo do crime de lesa-majestade é o de ofender a honra do presidente da República, pois vivemos em uma República.

Acreditava Beccaria que, a sociedade só através da moral política poderia entregar aos seus concidadãos alguma vantagem com caráter fixo, permanente, se tivesse como premissa os sentimentos indeléveis do coração humano.[5] "Eram necessários meios sensíveis e muito poderosos para sufocar esse espírito despótico, que logo voltou a mergulhar a sociedade em seu antigo. Tais meios foram as penas estabelecidas contra os que infringiam as leis."[6]

[5] Idem.

[6]TZITZIS, Stamatios. **Filosofia penal**. trad. Mário Ferreira Monte Legis, 1994. 123 p. (La Philosophie Pénal).

Historicamente o Direito penal tem demonstrado ter sofrido uma significativa evolução nas penas passou pelos estágios como, o que se admitia a aplicação das leis e dos códigos Lei das doze tábuas, Código de Hamurabi na Babilônia por volta do século XXIII, a.C, Talião que admitia o instituto do "olho por olho dente por dente", a vingança privada, logo em seguida o da vingança pública e por derradeiro o da composição de litígios. [7]

[7]VIEIRA, Jair Lot. Código de Hamurabi: código de Manu. Bauru: EDIPRO, 2000. (Clássicos).

Em alguns desses institutos existiam uma espécie de divisão, quanto à ordem de precedência e relevância, no tocante aos delitos públicos e privados, sendo que os de natureza privada eram julgados pelo pater, ou seja, pelo chefe da família, já os de natureza pública tinham seu julgamento pelo próprio poder público, O Código de Manu é de origem Indiana e data do século XIII, antes de Cristo. Houver também outros documentos legais que tinham por finalidade penalizar o autor de crime, sendo uma forma do Leviatã, ou seja, o Estado pagar o mal com o mal.

A confissão pública dos crimes tinha sido abolida na França pela primeira vez em 1791, depois novamente em 1830 após ter sida restabelecida por breve tempo; o pelourinho foi supresso em 1789; a Inglaterra aboliu-o em 1837. As obras públicas que a Áustria, a Suíça e algumas províncias americanas como a Pensilvânia obrigavam a fazer em plena rua

> ou nas estradas – condenados com coleiras de ferro, em vestes multicores, grilhetas nos pés, trocando com o povo desafios, injurias, zombarias, pancadas, sinais de rancor ou de cumplicidade – são eliminados mais ou menos em toda parte no fim do século XVIII, ou na primeira metade do século XIX. O suplício de exposição foi mantido na França até 1831, apesar das críticas violentas – "cena repugnante", dizia Real; ela é finalmente abolida em abril de 1848. Quanto às cadeias que arrastavam os condenados a serviços forçados através de toda a França, Brest e Toulon, foram substituídas em 1837 por decentes carruagens celulares, pintadas de preto. A punição pouco a pouco deixou de ser uma cena. E tudo o que pudesse implicar de espetáculo desde então terá um cunho negativo. (FOUCAULT, 2004, p. 12).

A mudança histórica nos modos de aplicação da pena foi sem sobra de dúvidas, um relevante fator que ocasionou benefícios sociais, pois os direitos Humanos são cumulativos ao longo dos séculos, trazendo assim a ideias de gerações de Direitos, ou seja, os de primeira, segunda e terceira geração. Tal mutação social histórica e evolutiva é um marco importante e que a humanidade pode comemorar.

Porém, existem preocupações também históricas que envolvem o futuro de toda humanidade alguns exemplos deles são o alto índice de degradação do meio ambiente, que ao mesmo tempo não respeita as regras de desenvolver se de forma sustentável, o que agora também pode ser penalizado, e mais quando da ocorrência de crimes ambientais, podendo hoje até mesmo pessoa jurídica ser responsabilizada criminalmente.

O aumento dos conflitos bélicos, que envolve organismos internacionais e que também gera alguma espécie de sanção, como por exemplo: a proibição de contratar e negociar com outros países, exportar importar é o chamado bloqueio comercial, que não deixa de ter o caráter punitivo.

Por último, o que atualmente é alvo de grande preocupação a nível mundial, e o ponto aonde se pretender chegar nesse trabalho, é sem dúvida: o grande crescimento populacional tendo como consequência o inchaço das metrópoles. Dando origem a outros muitos problemas sociais como: **aumento da criminalidade que é um fato social na concepção de Max Weber**, o desemprego a falta de moradia. Sendo todos esses fatos Sociais um estopim da vulnerabilidade dor ser humano.

Produzindo uma altíssima marginalização da pessoa humana, as quais vêm a cometerem alguma espécie de delito, e necessitando logo após então de sofrem penas fixada na legislação penais pátria, seguidamente recolhidas aos Presídios, os quais chegam a determinado tempo, a não ter condições de acolher mais ninguém, vindo ainda surgir como consequência imediata do grande número de encarcerados as Rebeliões.

Embora, tais problemas sociais existam e causem influência até mesmo em gerações futuras, há um ponto positivo e com uma grande e significativa importância, que é os eventos e fatos históricos, ocorridos no cenário mundial como a declaração dos Direitos do Homem, objeto de conquistas concretizadas nas constituições dos Estados Liberais. [8]

[8]BOBBIO, Norberto. A era dos direitos. Rio de Janeiro: Campus, 1992. 217 p.

Como se sabe, o ser humano é um animal teleológico, ou seja, ele baseia suas ações e condutas com o intuito de alcançar uma finalidade, programando se para tempos futuros. Até mesmo a filosofia histórica tem a perspectiva ao logo do tempo de, demonstrar uma transição do método interpretativo finalista da ação de cada ser humano.

> Kant em um dos seus derradeiros escritos formulou a seguinte questão: "Se o gênero humano está em constante progresso para o melhor". Buscando identificar um evento que pudesse ser considerado como um "Sinal" da disposição do homem a progredir, ele o indicou no entusiasmo que despertara na opinião pública a Revolução Francesa, cuja causa só poderia ser uma disposição Moral da Humanidade.[9]

[9]FOUCAULT, Michael. **Vigiar e punir**: nascimento da prisão. 28. ed. Rio de Janeiro, RJ: Vozes, 2004. 288 p.

Houve também na história das leis das, das penas e prisões, as chamadas Ordenações Filipinas e as Manuelinas, as leis, contudo mudaram mudando se as penas e surgindo as prisões, que nos tempos remotos eram utilizadas por pessoas com distúrbios psiquiátricos, vindo mais tarde a receber todas as espécies de criminosos. No Brasil não se admite a pena de Morte salvo em caso de guerra declarada, adota se então as seguintes penas prisão, detenção, multa e restritivas de Direitos e também a de perda de bens e valores, pois está aqui um pouco da gênese das penas e da prisão.

A Ideia da possibilidade de instrumentalização do homem merece abordagem enfática. Como instrumento de pacificação e controle social cujo instrumento de atuação (pena) encontra- se na mão do Estado, evidente a facilidade de sua utilização como modo de utilização do poder ou de imposição de ideologias compatíveis e acobertadas pela estrutura normativa, usualmente refletindo a doutrina penal as ideias do regime políticos estatal dominante. A pena como simples símbolo da existência de um poder central e como comunicação ad força e extensão desse poder não parecer realmente servir a comunidade, e não disfarça a instrumentalização do ser humano, não fixando desde logo limites para uma guinada totalitarista. Para assinalar tal situação é que trazemos o frequente confronto das ideias apresentadas com as premissas já referidas, quais sejam: o estado democrático de direito e a face de garantia do direito penal como necessários princípios orientadores/limitadores do sistema. [10]

[10]JUNQUEIRA, Gustavo Octaviano Diniz. Finalidades da Pena. Barueri: Manole, 2004. p. 74-75.

7.   DAS PENAS

4.1 A PENA DE SUPLÍCIO

Espécie de Pena corporal, bastante dolorosa com um caráter atroz como dizia Jaucourt: é um fenômeno inexplicável a extensão da imaginação dos homens para a barbárie e a crueldade. Era um produto monstruoso dos séculos mais bárbaros, com certeza uma das penas mais atrozes infligidas aos praticantes de crimes horrendos e às vezes aos acusados de crimes imaginários e também inverossímeis, ou seja, aplicavam em inocentes e naqueles que só eram culpados de seguirem às leis naturais, providenciais, tinha por finalidade de promover um tormento ao condenado. O déspota tinha um espírito de ferocidade ao ditando leis.

Puras tiranias retalhavam, como se o fim visado fosse uma morte lenta. Uma peculiaridade dessa pena era o fato de colocarem sempre nas mãos dos assassinos, e dos filhos que tivessem matado o pai, isto é, os parricidas um punhal. Uma apresentação pública como se um espetáculo fosse às multidões clamavam por mais, sem dúvida os que eram submetidos ao suplício, era atormentado até a alma. Tamanha crueldade das penas no século XVIII, que derivavam os seguintes resultados, quais sejam eles: funestos e totalmente contraditórios, a real finalidade da pena, que prevenir o crime não se tinha proporção entre o crime e as penas cominadas, mesmo que nenhuma crueldade e tormento pudessem ultrapassar os limites do corpo humano, assim faziam no passado.

Então tais penas físicas tinham na sua essência, portanto, um lado considerável, isto é, levam em consideração os aspectos consuetudinários e os reais modos operandis, sendo assim mensuravam a natureza dos delitos. O suplício tinha como interessa "purgar" o delito usando um método, ritual devendo ser para vítima de tal atrocidade inesquecível eterno em sua memória, tão marcante no seu consciente, pois no seu corpo com certeza só restariam cicatrizes, e por fim a ostentação que vai junto, e torna infame o condenado a tal pena. Um circo dos horrores e praticado rotineiramente, porém, o Suplício não era a penas mais frequentes. A de morte era preferida do Ditador tirano.

Damiens fora condenado, a 2, de março de 1757], a pedir perdão publicamente diante da porta principal da igreja em Paris [aonde deveria ser], levado e acompanhada do em uma carroça, nu, de camisola, carregando uma

35

tocha de cera acesa de duas libras; [em seguida], na dita carroça, na praça de greve, e sobre um patíbulo que ai será erguido, atenazado nos mamilos, braços, coxas e barrigas das pernas, sua mão direita segurando a faca com que cometeu o dito parricídio, queimada com fogo de enxofre, e as partes em que será atenazado se aplicarão chumbo derretido, óleo fervente, piche em fogo, cera e enxofre derretidos conjuntamente, e a seguir seu corpo será puxado e desmembrado por quatro cavalos e seus membros e corpo consumido ao fogo, reduzidos a cinzas, e suas cinzas lanças ao vento. [11]

[11]FOUCAULT, Michael. Vigiar e punir: nascimento da prisão. 28. ed. Rio de Janeiro, RJ: Vozes, 2004. p. 9.

4.2 A PENA DE MORTE

Quando decretada era assistida por uma multidão de pessoas, ou seja, era um espetáculo para os que atentamente olhavam para a execução do condenado apena de morte. Tal pena nos remete a ideia da roda muito utilizada naquela época, como a de enforcamento e a de ser queimados na fogueira, destaca se que tal pena jamais tornou melhores os seres humanos. Surgi aqui uma pergunta: Quem deu ao homem o poder de retirar a vida de seus semelhantes?

Pois, a soberania e as leis não são nada mais do que, uma soma das parcelas de liberdade individual que cada qual cedeu à sociedade, confirmando a o desejo geral de todos que faz parte desse Estado. É o chamado pacto social que Rousseau já fala na época do iluminismo, porém tal Contrato Social visa um bem coletivo, e o filosofo sustentou tal ideia com muita sabedoria e determinação, acreditava o Filosofo que o conjunto dessas forças, somente se daria com a união de todos os indivíduos do corpo social, portanto, a liberdade e a força de cada sócio, é o principal instrumento de sua permanência. Existem cláusulas nesse contrato são determinas pela natureza do ato humano, e mínimas modificações as tornariam sem efeito, isto é, haveria uma ruptura na ordem social, com a violação do pacto social cada sócio retomaria aos seus Direitos originários como liberdade natural, abrindo mão da liberdade que foi objeto de acordo, convenção caracterizado pelo elemento volitivo, ou seja, o animus de contrair uma responsabilidade contratual, que supostamente renunciou a favor da outra. E suma, quando cada um doa uma parcela de sua liberdade individual, se dando a todos, não se doa a ninguém. Ficando bem compreendidas as cláusulas elas se tornam uma única.

Porém, quem imaginou em ceder a outros homens o Direito, poder de lhe suprimir a existência? Então por fazer o sacrifício de uma pequena parcela de sua liberdade, cada homem tenha vislumbrado colocar em risco a sua própria vida o bem mais importante que se tem. Proibiam se o Suicídio naquela época, e indagavam se o homem tinha o Direito de tirar sua própria vida? Se nem a sociedade foi lhe dada o Direito de retirá-la.

Entretanto, na época dos Déspotas, a qual vivenciou e relatou Cesare Bonesana Marquês de Beccaria. Tal máxima era a seguinte: o monarca tudo podia decidindo até mesmo entre a vida e a morte dos delinquentes, os que assistiam as execuções da pena de morte eram invadidos interiormente, com sentimentos de puro terror, já a pena moderada só geravam um sentimento de temor. [12]

[12]BECCARIA, Cesare marchese di. **Dos delitos e das penas**. 2 ed., rev. e atual. . São Paulo: Revista dos tribunais, 1999. p. 51-58.

Achando algum casado sua molher em adultério licitamente poderá matar assi a Ella, como aquelle, que achar com Ella em dito adultério; salvo se o marido fosse Piam, e o adultero fosse Fidalgo de solar, ou nosso Desembargador, ou pessoa de maior qualidade" (Ordenações Manuelinas, Livro V, Titulo XVI) NOBERTO FLACH, Prisão processual Penal: Discussão a luz dos Princípios Constitucionais da proporcionalidade E da Segurança Jurídica. Capitulo I A proporcionalidade (do Princípio do Direito à Constituição).

O espetáculo vil e aterrorizante, porém, momentâneo da execução de um criminoso, é um meio de parar, frear menos eficaz do que o exemplo de um homem de quem é retirado à liberdade, sendo colocados para fazer trabalhos forçados, como meio de retribuir a sociedade os danos que causou. Os ladrões e assassinos daquele tempo eram obrigados a raciocinar consequência do sentimento de medo, temor a roda e ao patíbulo. Puniam se os homicidas e aprovavam a matança pública.

O carrasco era visto como um executor honesto e inocente da vontade da população, defendendo a ordem interna do país assim como o soldado defende a ordem externa na fronteira. As leis eram tão somente máscara da tirania, por mais que o carrasco escondesse seu rosto eram as leis verdadeiramente cobertas de maquiagem. A história da humanidade é um enorme mar de erros, pois a maior parte das nações eram adeptas da pena de morte, e decretavam tal pena como costumeiramente, sendo uma característica dos povos primitivos. [13]

[13] PLATÃO, **As Leis**, incluindo Epinomis, prefácio: Dalmo de Abreu Dallari, São Paulo: Faculdade de Direito – USP. Livro V. p. 202-203.

Em regra, os sentimentos violentos causam marcas vivas na memória das pessoas de forma surpreendente, entretanto não possui um efeito duradouro. Irão causar uma dessas revoluções que num piscar de olhos tem o condão de transformar um homem simples e pacato em um Romano ou em um Espartano: Contudo um país governado de forma calma onde a pena de morte é vedada, sendo a liberdade e a vida respeitada é imprescindível um menor uso de paixões do que as impressões que ficam para posteridade na mente das pessoas.

Quando as fracas vozes dos filósofos forem realmente ouvidas, pelos príncipes ficará sabendo eles, que as verdades os levarão a memória da humanidade, e que tal verdade sacra, quando amparada, protegida. Por eles alcançaram tais príncipes, governantes e juízes, uma glória tão ofuscante em relação aos maiores conquistadores, seus nomes entrarão para posteridade vindo até mesmo a serem elevados acima dos Antoninos, dos Titos e dos Trajanos, Imperadores Romanos renomados e famosos por seus feitos de piedade, organização e benefícios Sociais, Considerado até mesmo como a delícia da espécie humana.[14]

[14]ROUSSEAU, Jean-Jacques. **O contrato social**: (princípios de direito político). 19. ed. Rio de Janeiro: Ediouro, 1999. (Clássicos de Bolso) p. 35-36.

Dificilmente alguém se dá conta do maior julgamento, como é dito da ação má, ou seja, assemelhar se a homens que são perversos e assim fazendo afastar-se dos homens bons, dos bons conselhos e com estes romper, apegando se ao contrário, à companhia dos perversos e os seguindo; e aquele que se juntar a tais homens fatalmente fará o que essas pessoas se convidam mutuamente a fazer. Ora, tal resultado não é um julgamento (porquanto justiça e julgamento são coisas honrosas), mas sim uma punição, um efeito que se segue à injustiça; e aquele que suporta essa punição e aquele que não suporta essa punição são igualmente infelizes- este porque ficou sem cura, aquele porque perece afim de assegura a salvação de outros ... assim declaramos que a honra, em termos gerais, consiste em acatar o melhor e em empreender o máximo para melhorar o menos ruim, quando este o admite. [15]

[15] PLATÃO, **As Leis,** incluindo *Epinomis*, prefácio: Dalmo de Abreu Dallari,São Paulo: Faculdade de Direito – USP. Livro V. p. 202-203.

4.3 A PENA DE INFÂMIA

Consistia em uma marca, mácula de desaprovação pública, de todo corpo social tinha, o condão de retirar da pessoa quando considerada culpada a confiança a consideração que a sociedade creditava naquela pessoa. Ficando então essa pessoa sem uma espécie de elo social que aproxima e une os cidadãos dessa nação. O efeito da pena de Infâmia não provinha das leis, era independente das legislações vigente na época.

Sendo que, a aplicação dessa pena deveria raramente existir, pois a sua aplicação frequentemente prejudicaria o poder e a força da própria opinião tornando-a assim debilitada. Em termos a pena infâmia não deveria recair sobre um número grande de pessoas ao mesmo tempo, pois a infâmia de muitas pessoas ao mesmo tempo, futuramente não será a infâmia de ninguém.

> Se se humilhar a vaidade cheia de orgulho dos fanáticos diante de uma grande multidão de espectadores, devem esperar - se felizes consequências dessa pena, visto como a própria verdade tem necessidade dos maiores esforços para se defender, quando sofre os ataques da arma do ridículo. [16]

[16] BECCARIA, Cesare marchese di. **Dos delitos e das penas**. 2 ed., rev. e atual. . São Paulo: Revista dos tribunais, 1999. p. 60.

8. A NATUREZA DO DIREITO PENAL

É por Excelência um ramo do Direito público o direito Positivo, toda regra a seguir deve ser anunciada por si própria ou claramente deduzido por suas disposições. A lei Penal pune todo ato que revela a hostilidade do seu autor em relação aos valores Sociais que esta lei tende a proteger o texto que incrimina um fato implica sua violação. A regra Penal constitui, com efeito, uma regra social, que pela previsão das penas, indica aos cidadãos os bens jurídicos que ela visa proteger. Dever – ser (*sollen*) ou conveniência (*déon*) em matéria penal. [17]

[17] TZITZIS, Stamatios. **Filosofia penal**. trad. Mário Ferreira Monte Legis, 1994. p. 26-27. (La Philosophie Pénal).

Partindo do princípio que a parte vindicativa da lei obriga o Magistrado punir devido a um ato ilegal, Hobbes faz – se precursor do Direito Normativo que atingirá o auge no positivismo de Kelsen. [18]

[18] Idem.

O dever – ser Positivista Kelsen ver no predicado da proposição jurídica uma norma que implica um sollen dirigido as autoridades competentes (ao Magistrado, por exemplo) para que a norma seja executada. Ele salienta principalmente o seguinte: "Estas normas apresentam – se, por outro lado e frequentemente, sob a forma de imperativo, já que o papel dos órgãos legislativos, judiciários ou administrativos, que criam ou aplicam normas jurídicas, é precisamente o de prescrever ou autorizar um determinado comportamento.

O direito Penal é o segmento do ordenamento jurídico que detém a função de selecionar os comportamentos humanos mais graves e perniciosos a coletividade, capazes de colocar em risco valores fundamentais para a convivência Social, e descrevê-los como infrações penais, cominando - lhes, em consequência respectivas sanções, além de estabelecer todas as regras complementares e gerais necessárias a sua correta e justa aplicação. [19]

[19] CAPEZ, Fernando. Curso de direito penal: parte geral. 16. ed. São Paulo: Saraiva, 2012. v.1.

E de acordo com Rogério Greco, é justamente sobre o uso hierárquico de normas, existentes no chamado Estado constitucional de Direito, que LUIGI FERRAJOLI vai buscar os fundamentos do seu modelo garantista. Num sistema em que há rigidez Constitucional, A Constituição, de acordo com a visão piramidal proposta por Kelsen, é a "mãe" de todas as normas. Todas as normas consideradas inferiores nela vão buscar sua fonte de validade. Não podem, portanto, contrariá-la, sob pena de serem expurgadas de nosso ordenamento jurídico, em face do vício de constitucionalidade. Nesse sentido Ferrajoli aduz que o grarantismo entendido- no sentido do Estado Constitucional de Direito. A magistratura, segundo a concepção garantista de Ferrajoli, exerce papel fundamental, principalmente no que diz respeito ao critério de interpretação da lei conforme a Constituição. O juiz não é mero Aplicador da lei, mero executor da vontade do legislador Ordinário. Antes de tudo, é o guardião de nossos Direitos Fundamentais.[20]

[20]GRECO, Rogério. Curso de direito penal: Parte geral. 14. ed. Rio de Janeiro: Editora Impetus, 2012.p. 8-9. (v. 1)

9. LIMITE AO DIREITO DE PUNIR DO ESTADO

O Estado é um ente dotado de Soberania, por tal motivo, é detentor exclusivo do Direito de Punir o (Jus Puniendi), o que na verdade trata-se da manifestação pura de Poder Soberano, esse é um Direito Estatal indelegável e exclusivo, até mesmo na Ação Penal de iniciativa Privada, pois só possui o particular a prerrogativa de inicia demanda processual por meio da queixa

O Jus Puniendi, porém, continua com o Estado, por isso é que pode o estado conceder anistia em crime de ação privada. Então somente quem possui o jus puniendi é quem também pode renúncia – lo. É um direito que tem uma existência abstrata, independentemente ser praticada ou não uma infração penal, se impondo a todos indistintamente. Sendo que o Estado não possui o poder de punir fulano ou beltrano, entretanto, tem o poder de punir qualquer eventual infrator, quando da prática de um crime automaticamente esse direito nasce abstratamente e impessoalmente concretizando – se é voltando contra o criminoso.

Nesse momento, o direito passa a pretensão, pretensão é basicamente a disposição de um interesse alheio a um interesse próprio. O Estado soberano vem ater o interesse de submeter o direito de liberdade do criminoso ao seu direito de punição, nascendo agora uma relação jurídico – punitiva com o criminoso, fato esse que faz o direito de punir sair do seu estado abstrato se concretizando, vindo contra o autor do ilícito penal. Essa pretensão individual e concreta, em que o direito abstrato se convolou, denomina – se Punibilidade.

Punibilidade é a possibilidade de efetivação concreta da pretensão punitiva.

> O Direito de Punir é, portanto, uma Manifestação da Soberania de um Estado, consistente na prerrogativa, *in abstracto*, de se impor coativamente a qualquer pessoa que venha acometer alguma infração penal, desrespeitando a ordem jurídica e colocando em perigo a paz social. [21]

[21]CAPEZ, Fernando. **Execução penal simplificado**. São Paulo: Saraiva, 2012. p.13.

A Filosofia pela Filosofia penal vislumbra descobrir por meio do caráter normativo do Direito Penal, como realmente se funda o ser Penal, e tentando desvendar várias modalidades do ser Penal como espécies de fenômenos. A filosofia Penal nascer, então, a partir dos princípios fundamentais da razão. Possuindo um caráter teórico ou até mesmo contemplativo por excelência, almeja tal filosofia conhecer o universo do crime e da pena (aspectos gnoseológico), constituindo também uma teoria da ação, que estuda os fenômenos criminais na ordem - Sócio – política (aspecto praxeológico). [22]

[22] TZITZIS, Stamatios. **Filosofia penal**. trad. Mário Ferreira Monte Legis, 1994. 123 p. (La Philosophie Pénal).

O assunto acerca das bases e fundamentos dos atos de punição, utilizado pelo Estado para reprimir os que burlam as leis vigentes no ordenamento jurídico, tal tema foi discutido também em épocas passadas. Sendo que Roma e a Grécia foram as que culturalmente principiaram, no tocante as teorias justificativas sobre o uso da violência legitimamente pelo Estado.

Defendeu o filosofo Grego Platão, no Górgias, o fato de a pena ter um caráter simplesmente retribuitivo, era a favor dos castigos aplicados a quaisquer autores de crimes. Contudo, passou Platão em outro determinado momento agora já, nas Leis, enxerga a pena não mais como um instrumento repressivo, e sim como meio de defesa social. Sendo a sanção agora na ótica do filosofo um instrumento preventivo. E que tal mecanismo de defesa agiria em prol do bem-estar da comunidade nos próximos anos. Não mais sendo um instrumento agressivo como nos tempos passados.

Porém, somente com surgimento das teorias Contratualista que os filósofos com visões modernas nos séculos XVII e XVIII, começam uma busca com fins de fundamentar a legitimidade do Direito de punir estatal, com supedâneo na razão humana, e em contrapartida tentavam

47

também estabelecer os limites jurídicos da intervenção por parte do Estado.

Para Beccaria o poder de coercitivo Estatal tinha natureza de elemento fundamental do conceito de sociedade, sendo uma condição necessária e prévia, para existência e manutenção da vida em sociedade. Em termos é um ato verdadeiramente basilar e criador do Estado, que justifica e organiza o Direito de Punir por parte do Estado soberano.

A Filosofia penal, que é contrariamente à ciência jurídica, não tem operado nem uma segregação entre a lógica, ética e direito, encarando a filosofia Penal a realidade dos fatos (sein) e a sua evolução como dever – ser (sollen), a teoria do Direito opera uma cisão entre o ser e o dever – ser. A filosofia do Direito é distinta desse fato. A filosofia Penal possui um espírito unificador, e revela a estética das coisas penais na fenomenologia do seu universo.

O direito de aplicar pena pelo poder público, e o fato de somente esse ente deter tal poder, já é sim um marco nas conquistas humanitárias, limite da legitimidade de um ato em relação ao seu contexto: histórico, sociológico e da ciência jurídica junto com a criminologia, pois de acordo com a filosofia penal é os logos (razão de ser) do ato criminoso e o télos (fim) da punição. Então, como efeito, os "logos" do crime designa, além do delito na ordem social, a sua função e a sua razão de ser.[23]

[23]TZITZIS, Stamatios. **Filosofia penal**. trad. Mário Ferreira Monte Legis, 1994. 123 p. (La Philosophie Pénal).

Todavia na ordem social o télos indica a finalidade e o limite do direito de punir e relação ao seu contexto Metafísico e Fenomenológico. Sendo o objeto de estudo da Filosofia penal a ligação entre sanção e o fato, no seu fundamento e fins sob a ótica gnoseológico, estético, e axiológico do ponto de vista dos valores morais. [24]

[24] BITENCOURT, Cesar Roberto. A falência da pena de prisão. São Paulo: Saraiva, 1993.

O que na verdade justificaria o fato de ser o Estado o detentor do monopólio punitivo, com uso até mesmo de violência, no crescente processo de racionalização do direito, seria conforme teoria Contratualista se baseia principalmente no fato de um estado existente somente a partir de um pacto onde todos pertencentes ao corpo social cede uma parcela de sua liberdade individual em prol do Estado. Ganhado assim todos que compõe o corpo social, uma proteção coletiva dos seus direitos individuais e sociais, por parte do próprio ente Estado soberano.

Os burgueses davam a pena uma finalidade indenizatória, quando havia um rompimento na conduta escorreita e também obrigatória, a qual se espera do cidadão, isto é, ocorrendo assim então a exigência de uma contraprestação derivada de um não cumprimento contratual já pré-estabelecido. Porém só é permissível que incida sobre o mínimo pactuado. Vindo depois definirem a pena de prisão (intra murus), como o ápice dessa intervenção estatal.

Para Max Weber o Estado moderno tem como um de seus fundamentos o método de coação, exercendo de tal modo legítima força punitiva, passando o uso da violência a ser o único nascedouro do direito. Privando o cidadão do seu direito de ir e vir, o qual é um direito universal, pois todos os homens têm o direito de locomover se, não importando seu poder aquisitivo, o que dá uma maior expressão a ideia de isonomia, igualdade entre todos os membros do corpo social. A privação da liberdade é o único método repressivo com características modernas.[25]

[25] WEBER, Max. **Economia e sociedade**: fundamentos da sociologia compreensiva. 4. ed. Brasília: Editora Universidade de Brasília, 2000. 422 p.

Foi então assim que numa época muito hostil, seja em face da natureza ou em relação aos seus semelhantes, de acordo com a hipótese Thomas Hobbes do *homo homini lupus*, o homem reagiu a todas essas hostilidades criando e aprimorando técnicas de sobrevivência com relação à primeira, e defendendo se em relação à segunda. Sendo que as derradeiras demonstram o sistema normativo, que visa diminuir os impulsos agressivos utilizando assim das penas.

Então todas as formas de justificar a aplicação repressiva da pena criminal, sofreram diversas análises e críticas por parte de vários filósofos iluminista, no período moderno a teoria de caráter retribuitivo juntamente com as de caráter preventivo, foram tidas como o primeiro marco teórico daquele tempo moderno.

Segundo Kant, o fundamento do direito de punir se deve ao fato da lei ser um imperativo categórico devendo ser respeitada, sendo automaticamente normal a aplicação de uma pena logo após o cometimento do crime, não existindo na pena um fim útil de correção e melhoria do ser humano, sob pena de mediatizar o ser humano, tal concepção é primitiva, arcaica de origens primitivas de modelos de vingança, não se fundando mais em aspectos sagrados, mas sim com objetivo de retribuir um mal praticado em nome da moralidade social, que acabaria se posicionando como cúmplice da ruptura do ordenamento, se não infligir à pena a quem violou, nascendo, assim um caráter de legalidade e civilidade para a pena.

Fundamentos (filosóficos) do Direito penal do inimigo: (a) o inimigo, ao infringir o contrato social, deixa de ser membro do Estado, está em guerra contra ele; logo, deve morrer como tal (Rousseau); (b) quem abandona o contrato do cidadão perde todos os seus direitos (Fichte); (c) em casos de alta traição contra o Estado, o criminoso não deve ser castigado como súdito, senão como inimigo (Hobbes); (d) quem ameaça constantemente a sociedade e o Estado, quem não aceita o "estado comunitário-legal", deve ser tratado como inimigo (Kant). [26]

[26] GOMES, Luiz Flávio. **Direito penal do inimigo**: (ou inimigos do direito penal). Revista Jurídica Unicoc, Ano II, n.º2, 2005.

10. DIREITO PENAL DO INIMIGO

Luiz Flávio Gomes, Doutor em Direito penal pela Faculdade de Direito da Universidade Complutense de Madri, Mestre em Direito penal pela USP, Secretário-Geral do IPAN (Instituto Panamericano de Política Criminal), Consultor e Parecerista e Diretor-Presidente da TV Educativa IELF (1ª Rede de Ensino Jurídico Telepresencial da América Latina com cursos ao vivo em SP e transmissão em tempo real para todo país – www.ielf.com.br

Já na concepção de Hengel, a pena é um ato necessário que tem capacidade de recompor a ordem jurídica transgredida por um ato criminoso de violência, nega a concepção Moral do Direito de exercer punitivo, do mesmo modo como, se ver nos princípios filosóficos do

Direito. De acordo Foucault: Mas, nessa época das luzes, não é como tema de um saber positivo que o homem é posto como objeção contra barbárie dos suplícios, mas como limite de Direito, como fronteira legítima do poder de punir. Vigiar e Punir. História da violência nas prisões. 28º edição. Editoras vozes, 2004, Pg.64

Tal teoria retribuitiva tem como pilares a ideia de que o crime deveria se expurgado, aniquilado eliminando na sua totalidade, não devido ao fato de ser um ato ruim, maldoso em si, mas sim porque é simplesmente uma transgressão ao ordenamento jurídico pátrio, reafirmando a necessidade de aplicação de um ato violento por parte do Estado Soberano, enquanto legitimado exerce esse jus puniendi.

Não agindo de forma razoável o estado quando cria um mal (a pena), a não ser quando constata que certa transgressão deu causa a mal também, não invadindo o campo da moral, defende o autor que se trata meramente de questão de justiça. Para os adeptos da teoria retribuitiva: "a pena é a retribuição de um mal por outro mal", consideram também a pena como a "irrogação de um mal que se adapta a gravidade do fato cometido contra a ordem pública"

A filosofia penal que transcendeu o nível da formalidade jurídica se procura se os reais pilares que sustentam as sanções e as justificam em relação aos crimes. Seria na verdade bem mais nítida, em Portugal a doutrina aponta no sentido da prevenção geral de integração ou positiva, e também uma prevenção especial de socialização (positiva e até mesmo negativa). As doutrinas éticas – retribuitivas entende que o fato delituoso é pressuposto e medida da punição, já para as doutrinas preventivas é tão somente pressuposto.

As duas doutrinas são severamente criticadas por Ferrajoli, pois para ele tanto o modelo de Hegel como o de Kant, tem seu supedâneo em uma premissa eivada de erro, ou seja, um caos entre natureza e direito, porque exerguam na pena uma finalidade de restabelecimento do ordenamento jurídico violado, isto é, independentemente de ser jurídico ou moral tal violação. Os doutrinadores teóricos e seus modelos se chocam, pois, para os que enxergam a pena criminal com uma finalidade preventiva, por outro lado se contrastam com o modelo teórico retribuitivo, tendo em vista que a pena deixa de ter um fim em si mesmo, adquirindo um papel de relevante utilidade no seio da sociedade, ou seja, temor na sociedade a qual se sente intimidada.

Para Cesare Beccaria partindo da máxima Contratualista: a pena é uma reprovação de fatos futuros e não fatos passados, ao infligir uma pena não se busca atormentar o ser humano nem tampouco desfazer o delito que já se consumou, mas sim dar um exemplo com esse ato sancionatório, e transformando imediatamente o condenado em uma pessoa inofensiva para o corpo social. E também de poder fazer nascerem-nos outros um sentimento de ter que se moldarem conforme as normas consolidadas. "As pessoas não devem diferenciar - se em delinquentes e não delinquentes, senão em menos ou mais resistentes às tendências delitivas. " (MIRA Y LÓPEZ, 2007, p. 278).

Todavia, depreende se desta função de prevenção sobre o condenado negando o caráter pedagógico da teoria retribuitiva. Pois o é o ente Estado quem mais objetiva a inovações jurídicas que protejam os direitos dos indivíduos de serem lesionados, não tendo que promover uma moralidade ou até mesmo uma cultura determinada, portanto, não teria assim o poder legitimo para agir como tutor do condenado sempre vislumbrando corrigi-lo, em função de seu papel de guardião de Direitos, apontando então uma justificativa do direito de punir.

Então assim, coagindo e intimidando os outros componentes do corpo social, a nunca mais praticarem

55

atos incriminados. Sendo assim a pena teria um caráter simbólico, e a aplicação da punição um meio de coerção geral e psicológica do estado soberano. Se o objetivo da punição fosse verdadeiramente esse, automaticamente rejeitaria se o ponto central da ética tantas vezes defendida por Kant inviabilizaria homem meio, do qual o estado se utiliza para tingir suas consecuções.

Para Francesco Carrara o fato de existir normas e penas não são obstáculos capazes de prevenir e evitar crime futuros, podendo até mesmo vim abala debates calorosos de maiores repressões como o (terrorismo penal), que tem como primado o nascimento de punições mais severas com o intuito de alcançar a finalidade a que se propôs, o que resultaria em um modelo de repressão que se baseava em Ver no criminoso um ser totalmente atávico.

Sendo os expoentes desse movimento Criminológico positivista Lombroso autor de (O homem delinquente de 1876) juntamente com Garófalo (Criminologia), e Ferri (sociologia criminal 1891), " o criminoso era visto como um selvagem sendo incapaz de determina se segundo as regras de civilidade instituídas" a pena passa de instrumento de defesa da sociedade para ferramenta de coibição de delitos futuros, forma de proteção social contra o próprio criminoso, dando ao delinquente o status de Inimigo social, tendo a função precípua de criar condições de ressocialização ao reclusos no sistema penitenciário. [27]

[27]BOBBIO, Norberto. **A era dos direitos**. Rio de Janeiro: Campus, 1992. 217 p.

Nascendo assim, a ideia de reinserção, ressocialização dos condenados reabilitando-os e reformando-os criminalmente, sendo que a periculosidade desses agentes criminosos: era na verdade a força propulsora que permitia o tratamento e a segregação, que naquela época tinha tempo indeterminado, o que violava os princípios da culpabilidade e proporcionalidade núcleo principal entre o delito e a pena. O cunho de medicalização, juntamente com a finalidade de excluir os considerados como perigosos ou incorrigíveis. [28]

[28] GARCIA, Rogério Maia. Sobre os limites e fundamentos do direito de punir nos crimes econômicos: breves reflexões históricas e uma perspectiva punitiva para a sociedade contemporânea. **ADUANEIRAS:** Informação sem Fronteiras, 2006.

A sanção criminal tinha um caráter diferenciado primando pela correção, ressocialização o até mesmo inocuização dos condenados, o que diferencia das teorias preventivas anteriores, que baseava seu discurso punitivo na ideia de proteção do ordenamento social.

No Brasil o maior defensor dessa teoria o Professor Nina Rodrigues, da escola de Recife, para ele "o delito era um dos diversos graus de evolução cultural, moral, fisiológica e biológica de cada segmento social ou raça étnica, razão pela qual seria apropriada a elaboração de vários Códigos Penais". [29]

[29] AZEVEDO, Rodrigo Ghiringhelli de; CARVALHO, Salo de. (Coord.) **A crise do processo penal e as novas formas de administração da justiça criminal organização**, Porto Alegre: Notadez, 2006. p. 131-134.

Von Lizt afirma "que a aplicação de uma pena obedece uma ideia de ressocialização e reeducação do delinquente, à intimidação daqueles que não precisam ressocializar – se e também para neutralizar os incorrigíveis. " Tendo a parti da ideia de prevenção geral e retribuição e a prevenção especial, que são aspectos diferentes de um mesmo fenômeno complexo, teve a vontade de unir as teorias da pena, sendo então chamada de teoria mista unificadora, que não observa os conceitos de prevenção social versos garantias individuais, por esta razão não se pode adota – la. A doutrina atualmente entende que a pena tem um caráter ético – social visa uma maior fidelidade dos indivíduos ao direito chamam de prevenção geral positiva fundamentadora, na qual Hassemer "diz que a legitimação do direito de punir se encontra, especificamente, na própria necessidade de limitação do poder punitivo do Estado", pelo respeito às limitações interventivas inerentes aos direitos dos condenados.[30]

[30] BITENCOURT, Cesar Roberto. **A falência da pena de prisão**. São Paulo: Saraiva, 1993.

Ferrajoli na perspectiva de um utilitarismo reformado sustenta o autor que, "a pena, portanto, seria um instrumento político de negação da vingança; um limite ao poder punitivo; o mal menor em relação às possibilidades vindicativas que existiriam na sua ausência. "[31]

[31]Idem.

Existe ainda a teoria Agnóstica da sanção penal, da qual é adepto Zaffaroni onde defende que se faz necessário limitar o poder que detém o Estado para aplicar penas criminais, simplesmente porque quando se trata de poder deve ser limitado, não tendo uma justificação plausível e racional, não possui um fundamento por mais que seja ele preventivo ou retribuitivo. Nesta esteira a pena criminal e tão somente manifestação fática, em essência política, isenta de qualquer fundamentação jurídica racional. Tal como a guerra, a pena caracterizaria como meio extremo e cruel insento de justificativa jurídica. Originando assim a real necessidade de utiliza o Direito penal como ferramenta de contenção dos abusos no exercício do Poder.

O poder – dever de punir, que compete ao estado, abre-se desse modo, em um leque de figuras ou "medidas", segundo soluções escalonadas, mensuráveis em dinheiro ou em "quantidade de tempo". "Essa ordenação gradativa é da essência mesma da justiça penal, pois esta não se realizaria se um critério superior de igualdade ou de proporção não presidisse a distribuição das penas, dando a cada infrator mais do que ele merece". [32]

[32] MESQUITA JÚNIOR, Sidio Rosa de; FLACH, Norberto. Prisão processual penal: discussão à luz dos princípios constitucionais da proporcionalidade e da segurança jurídica. Rio de Janeiro: Forense, 2000. xiv, p. 12.

11. PENITENCIÁRIAS AS E OS MODELOS PRISIONAIS

8.1 SURGIMENTO DAS PRISÕES

Os estabelecimentos penais originaram-se por necessidade do próprio homem, pela exigência de um ordenamento coercitivo que garantisse paz, ordem e a tranquilidade da sociedade e de seus membros em caráter mutuo, é tão somente uma imposição a própria coletividade é além de tudo inerente ao contrato social e origina – se dele, segundo Michel Foucault, a condenação a ser encarcerado temporária ou definitivamente numa casa de força é equivalente a das galés, o poder que aplica as apena ameaça ser tão arbitrário, tão despótico quanto aquele que antigamente as decidia.

Nos primeiros estabelecimentos penais a pena era aplicada como reclusão perpétua, com isolamento absoluto em celas, ou seja, era para vida toda. Contudo, no século XVII, a pena privativa de liberdade veio a substituir a pena de morte e, até o século XVIII, grande número de instituições de reclusão, apareceram sendo que Primeira Penitenciária do Mundo foi Eastern State Penitentiary na Philadelphia segundo Rush e Benjamin Franklin entre outros intelectuais americanos era necessário, uma mudança radical não era necessária apenas na prisão de Walnut Street em Philadelphia, mas sim em todo o mundo. Eles estavam convencidos de que o crime era uma "doença moral", e foi assim então que sugeriu a ideia da penitenciária como "casa de arrependimento" [33]

[33] OLIVEIRA, Fernanda Amaral de. Modelos penitenciários no século XIX. **Revista Virtú**, Juiz de Fora, MG, v. 5, n. 6, 2010.

> Por ocasião da descoberta do Brasil, vigoravam no Reino de Portugal as Ordenações Afonsinas substituídas pelas Manuelinas. Posteriormente surge as Ordenações Filipinas, códigos de lei Civis e criminais de Portugal que, assim como as

anteriores não puderam ser colocadas em prática entre nós, a não ser a partir do Governo das Gerais, pela quase inexistência de vida social e política, assim como ausência de organização judiciária. O Príncipe D. Pedro atento a realidade reforçou as determinações do decreto de D. João VI, denominado bases da Constituição Política da Monarquia, através de um aviso em 28 de agosto de 1.822 o que representou o primeiro abrandamento das penas aplicadas aos condenados. [34]

[34]MUAKAD, Irene Batista. **Pena privativa de liberdade.** São Paulo: Atlas, 1996. p. 16.

8.2 MODELOS PENITENCIÁRIOS AMERICANO E EUROPEU

Transformações ocorridas no final do século XVII e inicio do século XIX, na sociedade Europeia e Americana, sendo tais mudanças surgidas mais precisamente desde a revolução industrial. Vindo a existir uma enorme discussão no tocante aos sistemas prisionais e os métodos de reclusão dos delinquentes. Eram as discussões concentradas não só campo teórico, mas também no campo prático, aplicando modelos de correção dos criminosos nas penitenciarias podendo citar se como exemplo o sistema penitenciário de Arburn em Nova York e o da Filadélfia

As mudanças se deram tiveram um grande impacto e a mudança com maior relevância foi a privação da liberdade, na qual o delinquente era cerceado de sua liberdade durante um espaço de tempo, sendo que as penas passaram a serem calculadas por meio do tempo, recebendo o criminoso tal pena e ficando em reclusão distante da sociedade por um lapso temporal necessário para pagar o prejuízo causado a sociedade.[35]

[35] FIORELLI, José Osmir; MANGINI, Rosana Cathya Ragazzoni. **Psicologia Jurídica**. 2. ed. São Paulo: Atlas, 2010. x, 426 p.

8.3 MODELO DA FILADÉLFIA OU DA PENSILVÂNIA, OU BELGA

Foi o modelo estabelecido por Willian Penn em 1970, para uns, e em 1817, para outros no presídio da cidade da Filadélfia nos, Estados Unidos, e na penitenciária de Walnut Streeet Jail, na Pensilvânia a qual recebia os condenados à prisão perpétua em substituição a pena de morte, também foi adotado posteriormente pela Bélgica daí o seu nome.

O principal aspecto desse modelo é a total reclusão do condenado, isto é, o isolamento do preso durante o cumprimento da pena (Solitary System), sem trabalho e visitas, Istoé, sem nenhum tipo de contato com o mundo externo, distante de todas as outras pessoas.

Preocupou se em acabar com a promiscuidade com a separação dos condenados em relação ao sexo idade e os que aguardavam julgamento, e quanto à gravidade do delito adotando até mesmo um sistema diário do preso. Concomitantemente veio a preocupação com a arquitetura, que tinha o objetivo de impedir fugas dos presos existentes, subjugados e intimidados até o aniquilamento e que jamais deveriam voltar a delinquir.

Com tal aparato arquitetônico originou se a vontade de pessoas cultas e de boa condição social se tornarem Diretores de penitenciárias, ao contrário do passado que eram as penitenciárias administradas por pessoas ignorantes e de baixa condição social. O completo isolamento veio também a ser utilizado em novas prisões como as de Pittsburgh (Western Penitenciary) e Cherry Hill (Eastern Penitenciary) criadas em 1818 e 1829

Tinha como influência princípios dos Quakers, os quais se baseavam- se sistematicamente em religiosidade, vendo a religião como a única e tão somente ela o verdadeiro supedâneo da educação. Unindo o estado de reclusão dos condenados a uma obrigatória e demasiada leitura da bíblia, leitura esta que permita aos presos uma reflexão paulatina, pois a bíblia ao contrário de outros objetos, era o único pertence permitido no interior das celas.

Não se permitia o trabalho já com o intuito de não tira a atenção dos presos recluso, forçados a ler e refletirem, para com isso se arrependerem de todos os seus pecados em vida. De acordo com Michel Foucault jogado na solidão o condenado reflete. Colocado a sós em presença de seu crime, ele aprende a odiá-lo, e se sua alma ainda não estiver arrependida pelo mal e no isolamento que o remorso virá assalta- lo.

Portanto, é possível verificar que no sistema prisional da Pensilvânia, os métodos correcionais se baseavam se principalmente no isolamento total do preso com mundo e das pessoas (prisão intra murus), e do método de reflexão voltado para uma conscientização dos criminosos através da religião e leituras rotineiras da bíblia, dia e noite, noite e dia.

Elogiado pela separação individual que evitava a corrupção dos condenados e conluio para fugas e rebeliões, pelo seu efeito intimidativo sobre os presos com um número pequeno de guardas, e também pela higiene.Porém também criticado pela sua severidade e por não leva os presos a um reabilitação social.

8.4 MODELO AUBORNIANO

Tal modelo surgiu em Nova York Estados unidos no estabelecimento prisional da cidade de Arbun em 1818, se distingui do modelo da Filadélfia por utilizar se do método de trabalho como instrumento de reinserção dos presos. Conhecido como Silent System, era basicamente resultado de prisão celular pura.

O silêncio era exigido e tinha que prevalecer, os presos eram obrigados a trabalharem durante o dia nas oficinas que existiam no interior dos presídios, já durante a noite se recolhiam nas celas que eram individuais. O chicote era a ferramenta utilizada para fazer o silêncio imperar.

Os presos se alimentavam e trabalhavam coletivamente em salões, sempre na presença dos carcereiros com chicotes. De acordo com Michel Foucault, deveria a prisão de Aurburn ser um local de isolamento, pois:

> Existe entre nós neste momento uma sociedade organizada de criminosos... Formam uma pequena nação no seio da grande. Quase todos esses homens se conheceram nas prisões ou nelas se encontram. São os Membros dessa sociedade que importa hoje dispersar. Microcosmo de uma sociedade perfeita onde os indivíduos estão isolados em sua

existência moral, mas onde sua reunião se efetua num enquadramento hierárquico estrito, sem relacionamento lateral, só podendo fazer comunicação em sentido vertical (...). A coação é assegurada por meios materiais, mas sobre tudo por uma regra que tem que se tem que aprender a respeitar e é garantida por vigilância e punições. [36]

[36] FOUCAULT, Michael. **Vigiar e punir**: nascimento da prisão. 28. ed. Rio de Janeiro, RJ: Vozes, 2004. 288 p.

Em suma, tal modelo permitia uma convivência social, porém exigindo- se um enorme respeito à hierarquia e as normas de uma forma unitária, com uma extrema vigilância, o que futuramente viria moldar o comportamento dos condenados e permitiria o regresso deles ao seio do corpo social. Segundo João Farias Júnior os presos no modelo Auburniano eram tratados das seguintes maneiras:

(a) O condenado ingressava no estabelecimento, tomava banho, recebia uniforme, e após o corte de barba e do cabelo era conduzido à cela, com isolamento durante a noite;

(b) acordava às 05h30min ao som da alvorada;

(c) o condenado limpava a cela e fazia sua higiene;

(d) alimentava - se e ia para as oficinas, onde trabalhavam até a tarde, podendo permanecer até às 20 horas no mais absoluto silêncio, só se ouvia o barulho das ferramentas e dos movimentos dos condenados;

(e) regime de total silêncio de dia e de noite;

(f) após o jantar o condenado era recolhido;

(g) as refeições eram feitas no mais completo mutismo, em salões comuns;

(h) a quebra do silêncio era motivo de castigo corporal. O chicote era o instrumento usado para quem rompia com o mesmo;

(i) aos domingos e feriados os condenados podiam passear em lugar apropriado, com a obrigação de se conservar incomunicável.

Portanto, chega – se a conclusão que o regime da Pensilvânia é familiar ao Auburniano, porém, já no que diz respeito ao trabalho e ao silencio se distinguem um do outro. O modelo Auburniano tinha como ponto fraco a imposição do silêncio e do isolamento (regra monástica), também foi criticado por proibir as visitas familiares, e não por não dar nenhum valor ao lazer, e a prática de exercícios físicos, nem ao menos se preocupava com a instrução dos detentos. Segundo Manoel Pedro e outros, a forma de comunicação com as mãos existente até hoje nas prisões, formando através de sinais um alfabeto, e o sistema de batidas nas paredes ou canos d' água originaram – se dessa regra de silêncio.

8.5 MODELO IRLANDÊS

Já na Europa várias penitenciarias aderiram ao sistema da Filadélfia, logo que percebeu o sucesso nas prisões Norte Americanas, tudo derivado de um debate longo que ocorreu em Frankfurt em 1946, Holanda, Bélgica, França e Alemanha, foram os países que saíram na frente quanto à utilização da prática desses métodos em suas prisões.

Entretanto, na Irlanda nasceu um modelo que é basicamente um estado avançado, evoluído dos outros modelos Americanos citados a cima, o percussor do modelo Irlandês foi Walter Cronfton em 1853, cabendo também a ele a maior importância pela forma com evoluiu, e o fato de ter inspirado e influenciado o nosso Sistema progressivo, que é em termos uma sucessão organizada de regimes

Criou-se um regime com quatro etapas a serem alcançadas pelo condenado, a partir do instante em que adentra o presídio até a sua total liberdade. Sendo tais fases nada mais que uma sequência progressiva, de conquista cada vez maior de sua liberdade. Progredia – se de acordo com a conquista de vales

Sendo basicamente a primeira etapa uma réplica fidedigna do modelo da Filadélfia, ficando o condenado recluso todo o tempo dentro de sua cela esse era o período Penal, para refletir sobre o seu crime e o prejuízo causado a sociedade. O isolamento durava em média de oito a neve meses.

Já na segunda etapa o período da reforma, o recluso passaria a exercer trabalhos durante o dia, juntamente com os demais condenados, sempre com silêncio e uma grande vigilância, vindo durante a noite a recolhe- se em uma cela individual, sendo tal seguidor da proposta aurborniana.

Na terceira etapa foi acrescentada por Crofton, cominaria na transferência do preso para prisões intermediárias tal período é o intermediário, com uma menor vigilância, sendo agora permitido ao interno comunicar – se, e até mesmo andar por um determinado percurso, realizando trabalhos em comum no campo, visavam tais mudanças preparar os internos para a reinserção na vida social.

Na quarta e última etapa, período da liberdade provisória, é previamente à volta ao convívio na sociedade, permitiam – se aos detentos uma convivência em uma comunidade livre, onde ganharia a tão esperada liberdade condicional, até o termino do cumprimento de sua pena e liberdade total devido ao seu bom comportamento.

Este modelo de execução penal foi difundido muito rápido, sendo o livramento condicional uma forma de estimular o condenado, veio lentamente a ser integrado pelas legislações modernas, deu origem as mudanças posteriores do sistema Europeu e Americano, estabeleceu – se um repúdio completo ao modelo celular absoluto.

8.6 O "MODELO" PANÓPTICO DE JEREMY BENTHAM

Esse modelo foi elaborado por Bentham, e verdadeiramente não se pode considerar como um modelo de presídio, como o de Aurburn e Pensilvânia, ou seja, é tão somente um arquétipo capaz de ser adotado, e veio sim a ser adotado em outras várias penitenciárias, que aderiram aos modelos da Pensilvânia e de Aurburn, pelo fato de ser um modelo arquitetônico ao invés de um modelo de sistema prisional.

Deveria sua arquitetura possuir uma forma radial, contendo celas espalhadas na parte periférica, com uma torre em seu centro a qual funcionava como observatório, permitindo a visualização de todos os presos, uma consequência da estrutura geométrica, os raios solares eram capazes de penetrar com intensidade no interior. Vindo essa claridade a atenuar a observação dos presos, a qual era feita da torre central.

Porém sem que os próprios internos soubessem realmente de onde partiriam a vigília dos seus carcereiros. De acordo com Michel Foucault, o sistema panóptico dá ao preso a impressão de que o olhar estar por toda parte, vigiado em todos seus pontos, onde os indivíduos estão inseridos num lugar fixo, um estado consciente e permanente de visibilidade que assegura o funcionamento automático do poder, isto é, o preso tem a consciência de que todos os seus movimentos estão sendo visualizados, apesar de não saber quem realmente está observado os seus passos, isso causa uma facilidade na vigilância da penitenciária.

O princípio criado por Bentham narra o seguinte, o poder dever sempre ser visível e inverificável, sendo visível, pois os detentos das janelas de suas celas conseguiam enxergar a torre central, ponto principal de observação, de onde tudo se observa, e inverificável, pois os presos jamais têm certeza se estão sendo observados.

Também não tinha os condenados uma visão lateral, o que evitava conversa com os seus companheiros, devido aos muros não dando margem para projetar futuros crimes, complô e evasões coletivas, ou seja, eram vistos de frente, mas nada viam lateralmente somente de forma axial conseguiam visualizar alguma coisa, na maioria das vezes não enxergavam nem as sentinelas.

Quando se fala no sistema panóptico, tem se a impressão de que tal modelo era exclusivo para presídios, no entanto, tal modelo feito por Bentham foi criado para uso exclusivamente em manicômios, locais de trabalhos e em locais de estudos Michel Foucault destacava a característica cruel deste modelo, servindo de zoológico real onde o animal era substituído pelo homem. Não era necessário recorrer à força para obrigar o condenado ao bom comportamento, uma sujeição real nasce mecanicamente de uma relação fictícia, fabrica efeitos homogêneos de poder. O modelo de Bentham veio futuramente a ser utilizador em vários estabelecimentos prisionais no século XIX, e meados do século XX.

8.7 SISTEMA DE MONTESINOS

O seu idealizador foi o grande percussor Manoel Montesinos y Molina, na Península Espanhola, quando nomeado Diretor do Presídio de San Agustín em Valencia, tal modelo prisional, tinha como ponto marcante a aplicação de tratamento humanitário durante o regime de cumprimento da pena, visava com isso obter um a reabilitação, regeneração do criminoso condenado.

Então neste modelo se suprimiu, para sempre, castigos físicos considerados – os humilhantes, funestos e

73

perniciosos, proibiram a imposição de castigos por parte dos funcionários do sistema penitenciário, era ainda permitido aos condenados trabalhar e receber emcontrapartida uma remuneração pelo seu labor, ou seja, criou – se então o pecúlio.

O modelo elaborado por Montesinos foi o primeiro modelo progressivo a surgir, vindo também a antecipar a aplicação de garantias na execução penal defendidas nos tempos modernos, foi Montesinos foi também o maior crítico do Sistema de Aurburn.

Visou tal modelo disseminar o respeito a pessoa do preso desenvolvendo – se o senso de responsabilidade e cada interno, concedia permissões para sair do estabelecimento penal. As regras deste modelo são consideradas por muitas pessoas com sementes dos regulamentos penitenciários, códigos e leis de execuções penais de hoje.

8.8 SISTEMA PROGRESSIVO INGLÊS

Surgiu Inglaterra por volta de 1846, único meio imposto ao grupo de condenados, utilizava – se o método de vales, o Mark System, marcas ou pontos. Particularidade importantíssima referente ao tempo da pena, pois tal pena não era determinada pelo magistrado na hora de fixa a sentença condenando o criminoso, mas seguia três fases distintas: a primeira era a de prova; a segunda era a de trabalho durante todo o período diurno e por último a que mantinha o condenado isolado durante o repouso celular no período noturno.

Guarda uma visível semelhança com o sistema de remição adotada pela lei de execução penal brasileira LEI 7.210 de 1984. Foi utilizado pela primeira vez no ano de 1840, na colônia penal de Norfolk, convolou a convivência dos do preso oriundos da Inglaterra em condições subumanas, várias correntes de doutrinárias afirmam que, Sydney é uma cidade fundada por prisioneiros, devido ao fato da Austrália ter sido escolhida como um excelente local para instalação de muitos presídios.

Quanto à origem não é esclarecida, aponta o início por Maconochie, permitindo a cada interno aperfeiçoar e diminuir a duração da pena, Sendo Crofton o responsável pelo melhoramento deste modelo, adicionando as séries de estágios de melhoria progressiva, concedendo a meia liberdade e o livramento final sob vigilância depois da completa reforma moral do condenado.

Era o tempo de execução penal dividido em três períodos, sendo o primeiro o período de prova, com total isolamento celular, buscando uma meditação do interno sobre o seu delito, os funcionários da penitenciária visitavam os internos, e influenciava o condenado com ideias moralizadoras de reabilitação.

Segundamente ao preso era dado o direito de trabalhar com os outros, porém, no mais extremo silêncio, a noite era isolado, este segundo período é o mais extenso, logo após algum tempo se transferia o interno para as denominadas "public work – houses".

E por derradeiro, no terceiro período o sentenciado ganhava o ticket of leave, ou benefício do livramento condicional, ao que tinham capacidade de gozar a liberdade antes mesmo do termino da pena. A Ilha de Norfolk já fora considerada um inferno, entretanto veio logo após, a ser vista como uma comunidade regulamentada e disciplinada. Tal sistema é denominado progressivo Inglês, simplesmente pelo fato de ter sido adotado em várias prisões Britânicas. [37]

[37] MUAKAD, Irene Batista. **Pena privativa de liberdade**. São Paulo: Atlas, 1996. p. 41-46.

12. SUPERLOTAÇÃO CARCERÁRIA UMA DAS CRISES URBANAS DO SÉCULO XXI

A crise urbana é um dos assuntos mais polêmicos dos dias atuais, pois a própria sociedade implica no comportamento e na formação do caráter de seus cidadãos, a constante colocação diária de elementos depressivos na vida citadina moderna gera um modelo com ausência de resilição o que torna as pessoas cada vez mais frias e distantes um das outras, existindo uma parcela pequena de empatia, porém em determinados momentos essas pessoas são agressivas.

O Aumento populacional faz aparecer com frequência os casos de Violências Urbanas que são nada mais que, uma construção simbólica que se destaca nos aspectos das relações sociais, é uma descrição seletiva da realidade, e segundo a terminologia Weberiana é capaz de orientar ações racionais com relação a finalidade baseada na situação e interesse do ator podendo ser instrumental ou cognitiva, a violência urbana relaciona o fato aos interesses dos atores sociais.

A violência Urbana é como se fosse uma espécie de mapa, que orienta os atores as relações sociais, de fato legitimamente inevitável e muitas vezes necessárias como, por exemplo, os furtos famélicos ou o caso de legitimas defesa própria ou de terceiros.

Pode – se afirmar com verossimilhança que no bojo da violência urbana primeiramente há uma enorme práticas de saques à propriedade privada como, por exemplo: furtos e roubos, e muitos caso outros casos de ameaças à integridade física, nas situações ligadas ao dia a dia da vida citadina. [38]

[38] **CITADINA** = relativo à cidade, habitante de cidade. **RESILIÇÃO/ RESILIÊNCIA** = capacidade que se tem de lidar com as emoções, tal capacidade é mais comum nos presos com maioridade, do que nos menores infratores apreendidos. (HOUAISS).

> Há muito tempo que assaltos, roubos, sequestros, linchamentos, etc. Vêm aceleradamente deixando de ser percebido como " desviantes", ilegítimos – por agentes vítimas e observadores – sem que, por isso, se possa afirmar que se trata tão – somente de um processo de incorporação destas relações sociais à ordem institucional - legal ou aos costumes vigentes. [39]

[39] NASCIMENTO, Elimar Pinheiro do; BARREIRA, Irlys Alencar F. **Brasil urbano**: cenários da ordem e da desordem. Notrya, 1993. p. 133.

Sendo nas aglomerações implosivas, que a desintegração social encontra o seu ápice nos grandes centros urbanos, sendo uns dos seus reflexos, a perda da paisagem e não atendimento das necessidades humanas básicas, aumentando a neutralidade do Estado (anomia), comprometendo a qualidade de vida. E no Distrito Federal não tem sido diferente, houve um aumento populacional considerável nas últimas décadas, o que refletiu no aumento da criminalidade, ocasionado desta maneira um demanda maior de vagas nas Penitenciárias da capital do país no ano de 2012.

A superlotação é sem dúvida uma crise urbana moderna, que tem causa preocupações às autoridades governamentais em várias Unidades da Federação e no Distrito Federal não tem sido diferente. Muito pelo contrário o déficit de vagas é enorme nos presídios Brasilienses.

No primeiro contato com o aparelho repressivo, o detento adquire a certeza de que nada é. Entregue à própria sorte, esquecido de todos, tem apenas e aberta à sua frente a estrada franca da corrupção e do crime, aconselhada muitas vezes, pela revolta de quem nada vê diante si.

Depois desse tratamento de choque, duas coisas podem ocorrer: o detento, sem maiores explicações, é posto em liberdade, ou, indiciado em inquérito formalizado e tendo contra si decretada a prisão provisória, é encaminhado a casa de detenção, onde a situação permanece a mesma: superpopulação e tratamento desumano. [40]

[40]BICUDO, Hélio Pereira. Direitos humanos e sua proteção. São Paulo: FTD, 1997. p. 91.

O inchaço não existe só no centro das cidades, pois agora dentro das penitenciárias ocorre à superlotação, ou seja, um crescimento incontrolado da população carcerária, fenômeno cada vez mais constante nos grandes centros urbanos, esses fatos sociais são com certeza os que mais têm preocupado o Juiz da Vara de Execuções Penais do Distrito Federal.

Pelo fato dessa enorme superlotação carcerária, influenciar no comportamento dos presos, que padecem do atendimento dos seus direitos Humanos, Constitucionais e outros constantes na LEP.

Faltando vagas em estabelecimento penal adequado tem entendido o STF que:

> [...] tendo sido o réu condenado a cumprir a pena no regime inicial semiaberto, não pode o juiz das execuções, desconsiderando os critérios objetivos e subjetivos previstos em lei, deferi – lhe de imediato a progressão para o regime aberto, com base na suposta inexistência de estabelecimentos penal adequado para cumprimento da pena no regime estabelecido na sentença [...] Habeas corpus deferido em parte, "a fim de não se executar o mandado de prisão contra o paciente, antes de assegurado o seu recolhimento imediato a Colônia agrícola, no regime semiaberto, como consta de sentença transitada em julgado" STF, 2ª T., HC 74.732/SP, Rel. Min. Neri da Silveira, j. em 11-3-1997, Informativo STF n. 63. [41]

[41]CAPEZ, Fernando. **Execução penal simplificado**. São Paulo: Saraiva, 2012. p. 175-176.

Cumpre informa que no Distrito Federal não há Colônias Agrícolas nem tampouco casa do albergado, porém existe a figura do CPP Centro de Progressão Penitenciária, localizado no SIA Setor de Indústria, onde os internos do regime semiaberto, trabalham durante o período diurno e se recolhem durante o período noturno, tendo ainda o direito a saídas aos finais de semanas e feriados, sendo que é permitido sair em um final de semana e no outro não, revezamento entre dos internos,

9.1 REGRAS DE TÓQUIO UM COMBATE A SUPERLOTAÇÃO

Objetiva uma maior aplicação de medidas não privativas de liberdade, são apelidadas de regras mínimas das Nações Unidas, foram aprovadas no seu 8º congresso em dezembro de 1990, se dividem em medidas alternativas e penas, exemplo delas são: as restritivas de direitos (prestação de serviço a comunidade) e as de multas, as penas alternativas classificam se em consensuais e não consensuais. É indubitavelmente um meio moderno de combate a Superlotação e a reincidência criminal.

Um exemplo de uma pena alternativa consensual é a aplicada na transação penal art. 76 da lei 9.099/1995. Objetivos da Lei 9.714 de 1998, cumprir o art. 5º, XLVI, da Constituição, que prevê a pena de prestação social alternativa e alcançar a seguintes metas. Reduzir a Superlotação dos presídios e os gastos do sistema penitenciário, contribuir com a ressocialização do autor do crime, diminuir a reincidência, pois a pena privativa de liberdade é a que tem maior índice de reincidência, preservar os interesses das vítimas. (NASCIMENTO, 1993, p. 134-136).

9.2 O MAU COMPORTAMENTO DOS PRESOS NO SISTEMA PENITENCIÁRIO DO DISTRITO FEDERAL, E SUAS CONSEQUÊNCIAS NA PROGRESSÃO DE REGIME, UMA DAS ORIGENS DA ATUAL SUPERLOTAÇÃO

As faltas disciplinares causam assim, uma ruptura na progressão de regime por faltar o elemento anímico: tempo e comportamento. Anteriormente a crítica foi ao Estado, no entanto, agora a crítica recai sobre a figura do preso sendo ele parte no processo de execução penal. Será se o preso está fazendo o seu papel também?

Com certeza se os números de presos com transgressões disciplinares fossem menores, os internos alcançariam com maior rapidez a progressão de regime, e com isso a tão esperada liberdade.

Pois constatamos durante o período estágio na Defensoria Pública do Distrito Federal, mais precisamente no Núcleo de Execução Penal da Vara de Execução Penal – NEP/VEP, que centenas de presos perdiam o benefício

82

da progressão de regime devido, ao elemento subjetivo comportamento, o que gera um aumento no lapso temporal a cumprir, pois o tempo é elemento objetivo. E a progressão de regime, só se alcançada com a satisfação do binômio tempo e comportamento.

Com tal comportamento, os casos de Regressão de regime são constantes, fruto de uma nova condenação por crime anterior, em que a pena somada ao restante da pena em execução torne incabível o regime em cumprimento, ou por superveniência de Faltas Disciplinares Graves, ao teor do dispositivo no art. 118, I e II, da lei 7.210 de 11 de julho de 1984.

Destaca – se que, antes de regredir é necessária a realização de audiência prévia do condenado nos moldes do art. 118, § 2º da lei 7.210/1984. Segundo Teresinha Inês Teles Pires, a liberdade é condição (*ratio essendi*) da lei moral. Foi demonstrado que o princípio da autonomia – a liberdade – tem que ser atribuído ao ser racional ser formos considerar como portador de vontade. É isto que Kant que dizer quando ressalta que a liberdade tem que ser demonstrada "como propriedade da vontade de todos os seres racionais".

Do ponto de vista conceitual, a liberdade pode ser atribuída a o homem somente na medida em que ele é considerado um ser racional. Por isto, em um primeiro momento é mister demonstrar que o ser racional é aquele que age necessariamente sob a pressuposição da liberdade, para em um segundo momento, demonstrar que o homem, como ser racional que é, da mesma forma age sob a pressuposição da liberdade. [42]

[42] PIRES, Teresinha Inês Teles. **O primado da razão prática em Kant**: Teresinha Inês Teles Pires. Porto Alegre, RS: Núria Fabris, 2012. p. 33.

Conclui – se, portanto, que os próprios presos automaticamente também se prejudicam, retardando dessa forma o prazo para progredir de regime para o outro, se não fosse assim, teríamos um esvaziamento significativo nos presídios aumentando o número de celas disponíveis. Diminuindo dessa maneira o quadro de superlotação carcerária no Distrito Federal.

Os presos devem obedecer à lei, por mais que já tenha a infringido- a antes e agora tenha sido condenado e terá que cumprir uma lei especial e outras normas do estabelecimento penal, pois vivemos sob o império da lei, e até mesmo nos períodos antigos as pessoas já se submetiam a lei, hoje não é diferente, a própria Bíblia nos incentiva a ser submissos a lei, e a conviver sob sua égide, No entanto, antes de chegar a fé, estávamos sendo guardados debaixo de lei, entregues juntos à detenção, aguardando a fé que estava destinada a ser revelada. Gálatas capítulo 3 versículos 23. TRADUÇÃO DO NOVO MUNDO das ESCRITURAS SAGRADAS.

De acordo com o Livro do renomado Professor Fernando Capez, pode se observar, como é o entendimento jurisprudencial em relação e execução penal, regressão de regime por prática de falta disciplinar grave:

> [...] condenação em regime semiaberto. Falta grave. Regressão. Pretensão de retorno ao regime anterior. Habeas Corpus. Remédio Impróprio. Não constitui constrangimento ilegal, a transferência do condenado para o regime mais rigoroso quando este prática ato definido como falta grave, como previsto no art. 118, I, da lei 7.210 de 1984, A progressão na execução da pena, com transferência para regime menos rigoroso, é efetuada pelo juízo das execuções penais, por meio de decisão motivada, esta precedida de exame criminológico e de parecer da Comissão Técnica de Classificação (LEP Art. 112) não podendo ser ordenada em sede de HABEAS CORPUS, que não é instrumento próprio para tal providência. Recurso Ordinário desprovido (STJ, 6ª t., RHC 7.7793/SP, rel. Min. Vicente Leal, DJU de 28-9-1998, p. 120. [43]

[43]CAPEZ, Fernando. **Execução penal simplificado.** São Paulo: Saraiva, 2012. p. 186-187.

Nessa esteira também se posicionado se posicionado o E. Tribunal de Justiça do Distrito Federal e Territórios em seus entendimentos Jurisprudenciais no tocante a regressão de regime:

(Acórdão n. 470670, 20100020171109RAG, Relator ROBERVAL CASEMIRO BELINATI, 2ª Turma Criminal, julgado em 09/12/2010, DJ 10/01/2011 p. 191), e (Acórdão n. 473855, 20090020182344RAG, Relator, 1ª Turma Criminal, julgado em 13/01/2011, DJ 26/01/2011 p. 136)

Ementa

RECURSO DE AGRAVO INTERPOSTO PELA DEFESA CONTRA DECISÃO DO JUIZ DAS EXECUÇÕES PENAIS QUE DECLAROU A PERDA DOS DIAS REMIDOS, BEM COMO FIXOU NOVA DATA PARA A OBTENÇÃO DE PROGRESSÃO DE REGIME. PRÁTICA DE CRIME DOLOSO NO CURSO DO CUMPRIMENTO DA PENA. FALTA GRAVE. ARTIGOS 52 E 12 7 DA LEI DE EXECUÇÃO PENAL. RECURSO CONHECIDO E NÃO PROVIDO.

1. NOS TERMOS DO ART. 52 DA LEI Nº 7. 210/1984, A PRÁTICA DE CRIME DOLOSO DURANTE A EXECUÇÃO DA PENA CONSTITUI FALTA GRAVE.

2. NÃO MERECE REPAROS A DECISÃO RECORRIDA QUE, DEPOIS DE OPORTUNIZADA A AMPLA DEFESA EM PROCEDIMENTO DISCIPLINAR, DETERMINOU A PERDA DOS DIAS REMIDOS E A FIXAÇÃO DE NOVA DATA PARA A PROGRESSÃO DE

REGIME, EM DECORRÊNCIA DA PRÁTICA DE CRIME DOLOSO - PORTE DE SUBSTÂNCIA ENTORPECENTE DENTRO DA UNIDADE PRISIONAL -, DE FORMA A CONSTITUIR FALTA GRAVE, SUJEITA A SANÇÃO DISCIPLINAR, CONFORME DISPÕE O ARTIGO 52 E O ARTIGO 12 7, AMBOS DA LEI DE EXECUÇÕES PENAIS.

3. RECURSO DE AGRAVO CONHECIDO E NÃO PROVIDO PARA MANTER A DECISÃO QUE DECLAROU A PERDA DOS DIAS REMIDOS, BEM COMO FIXOU NOVA DATA PARA A OBTENÇÃO DA PROGRESSÃO DE REGIME E DE OUTROS BENEFÍCIOS.

A execução penal é uma atividade que exige atos complexos, vem a se desenvolver basicamente no terreno jurisdicional e administrativo, trazendo no seu bojo decisões na esfera administrativa e judicial.

Pode o juiz da execução vim a tomar decisões de cunho administrativo e judiciais, sendo também permitido que, o Diretor do presídio faça uma tomada de decisões de caráter administrativo, consistindo em uma rotina da administração penitenciária.

CONCEITO DE EXECUÇÃO PENAL: trata-se da fase processual em que o Estado faz valer a pretensão executória da pena, tornando efetiva a punição do agente e buscando a concretude das finalidades da sanção penal. [44]

[44]NUCCI, Guilherme de Souza. **Leis penais e processuais penais comentadas**. 5. ed. São Paulo, SP: Revista dos tribunais, 2010. p. 450.

13. A SUPERLOTAÇÃO CARCERÁRIA NO DISTRITO FEDERAL

A superlotação[45] nos presídios da capital do Brasil no ano de 2012, as vésperas de uma copa do mundo, é um problema de tamanha dimensão que o juiz responsável pelas execuções das penas divulgou nos veículos de comunicações, sua decepção com os meios que o Estado lhe oferece para garantir o cumprimento, artigo 5º, incisos XLVII letra (e), e o inciso XLVIII da Constituição Federal, pois tais dispositivos têm lastro e guarida constitucional.

[45] **Superlotar** = ingressar (em um lugar) em quantidade maior que o ambiente comportar pôr (unidades de algo) além do correto ou desejável. (HOUAISS).
Reabilitação = recuperação de capacidade física, moral ou intelectual. (HOUAISS).

Não podendo sofrer violações juntamente com o princípio constitucional da dignidade humana da pessoa humana disposto no artigo 1º, inciso, III, da Constituição Federal e também no artigo 34, inciso, VII, alínea b, Direitos da pessoa humana, sua não observância induz a decretação de intervenção Federal, sendo também tal princípio uma cláusula pétrea não passiva de ser abolida do texto Magno mediante emendas constitucionais.

Podendo ainda ser invocado, em caráter extraordinário, como no caso de não cumprimento do mínimo exigido, de condições humanas nos presídios do Distrito Federal, quando os Direitos da pessoa humana forem violados, e também já tiver sido discutido e julgado pelo Estado brasileiro, no caso pelo: Supremo Tribunal Federal que é a última instancia do poder judiciário. Poderá ainda buscar uma solução perante a Comissão Interamericana de Direitos Humanos, e a Corte Interamericana de Direitos Humanos, isso sempre quando a supressão dos Direitos envolverem temas relativos aos mínimos exigíveis para manutenção dos Direitos Humanos, como é o caso da Superlotação nos Presídios do Distrito Federal, se nada for feito pode levar a essa consequência. Pois o Brasil se obrigou a cumprir tais acordos sobre Direitos Humanos, é signatário.

Contudo, a superlotação nos presídios do Distrito Federal atingirá e refletirá secundariamente do ponto de vista legal não só na Constituição Federal, mas também na LEP, Lei 7.210/ 1984, Lei de execução penal, que em seu artigo 41, está descrito o rol de direitos dos presos, ou seja, direitos agora ameaçados por uma visível superlotação no sistema prisional do Distrito Federal.

É com certeza um risco que a capital do país sofre, e se não conseguir frear esse quadro os presos poderão sim se tornar rebeldes, nascendo com isso uma ameaça para toda população do Distrito Federal, pois há sim uma probabilidade de surgimento de rebeliões.

E logo depois do possível evento rebelião, acontecerá o de praxe, os internos do CPP, CDP, PDF I e PDF II, utilizarão as próprias falhas do Estado para, justificarem um ato de insurgência, rebeldia e mau comportamento, alegarão posteriormente os rebelados, que as condições de cumprimento da sanção estatal, que foi infligida pelo estado juiz, são desumanas e cruéis do ponto de vista humanitário.

Segundo Reinaldo Dias, Merton identifica formas de condutas divergente individual que constituem uma reação a um quadro de anomia, as denomina, como tipos de tipo de adaptação individual. Entre estes, identifica cinco tipos: conformismo, inovação, ritualismo, retraimento e rebelião. Porém a rebelião nos presídios acontece de forma coletiva, e não individual, a rebelião é basicamente:

> [...] O tipo de reação dos indivíduos que estão fora da estrutura social que os leva a pensar e a tratar de construir uma nova estrutura social, ou seja, realizar profundas modificações na atual. Pressupõe a substituição das metas e das normas existentes, que são consideradas como arbitrárias, não possuidora, portanto, de legitimidade para serem aceitas. Constitui uma forma de reação radical a um quadro de anomia. [46]

90

[46] DIAS, Reinaldo. **Sociologia do direito**: a abordagem do fenômeno jurídico como fato social. São Paulo: Atlas, 2009. x, p. 162.

Deve o Estado oferecer os meios e modos de formar uma sociedade justa, humana, que seja capaz de garantir ao infortunado delinquente, a oportunidade de rever seus atos antissociais e voltar ao convívio social.

> Ponde o texto sagrado das leis nas mãos do povo e, e quanto mais homens o lerem, menos delitos haverá, pois não é possível duvidar que, no espírito do que pensa cometer um crime, o conhecimento e a certeza das penas coloquem um freio à eloquência das paixões. [47]

[47] BECCARIA, Cesare marchese di. **Dos delitos e das penas**. 2 ed., rev. e atual. São Paulo: Revista dos tribunais, 1999. p. 12.

Os presos se revoltam devido ao fato de o ambiente penitenciário que, é precário e sem estrutura física para abrigar o contingente de condenados nos dias de hoje são colocados amontoados, a massa carcerária do Distrito federal, que nos últimos anos tem tido um crescimento enorme, como mostra fontes do Ministério da Justiça e do DEPEN Departamento Penitenciário Nacional.

Já em contrapartida a construção de novos estabelecimentos prisionais no Distrito Federal, são nada mais que promessas de governo, constando somente no papel, ou melhor, nos projetos arquitetônicos, que ainda não atingiram sua verdadeira finalidade.

[...] Na passagem dos dois séculos, uma nova legislação define o poder de punir como uma função geral da sociedade que é exercida da mesma maneira sobre seus todos os membros, e na qual cada um deles é igualmente representado; mas, ao fazer da detenção a pena por excelência, ela introduz processos de dominação característicos de um tipo particular de poder. Uma justiça que se diz "igual", aparelho judiciário que se pretende " autônomo ", mas que é investido pelas assimetrias das sujeições disciplinares, tal é a conjunção do nascimento da prisão, " pena das sociedades civilizadas". (FOUCAULT, 2004).

Recentemente atual superlotação nos presídios do Distrito Federal, foi o principal assunto nos noticiários dos jornais, rádio e emissoras de televisão, a mídia fez o seu clamor em prol da sociedade e também cumpriu o seu papel principal o de informar, pois houve declarações do Juiz da VEP/DF, ADEMAR VASCONCELOS, que teve uma postura enérgica de não expedir mais mandados de prisão, até uma solução por parte do Estado, já que esse é o detentor do jus puniendi, então que ele solucione mesmo que, pressionado pelos veículos de informação e pela sociedade como um todo, a questão da superlotação no Sistema Prisional do Distrito Federal.

É de suma importância salientar, o atual problema carcerário: do ponto de vista jurídico, pois compete ao Poder Judiciário julgar e garantir execução da pena por meio de suas varas de execuções penais, a pena privativa de liberdade. O juiz das execuções é também um órgão do poder judiciário nos termos do artigo 92 da Constituição Federal de 1988.

Já o Poder Legislativo é um órgão legisferante, esse irá legislar sobre matéria penal e processual penal, na esfera federal, ou seja, Senado e Câmara dos Deputados (Congresso Nacional). Porém no tocante ao, Direito Penitenciário a Competência será concorrente, como assevera o artigo 24, da Constituição Federal de 1988, ao Poder Executivo cabe o papel de cumprir e fazer cumprir as leis, pois a segurança pública é um direito de toda a sociedade e dever do Estado.

O poder Público vem demonstrando com esse real quadro de déficit de vagas no sistema prisional da capital da república. O seu falecimento em prestar a tutela aos Direitos constitucionais dos presos, o próprio Estado expõe suas dificuldades de prestar seu compromisso com a sociedade, em relação à criação e administração dos presídios no complexo penitenciário da Papuda e também no presídio Feminino na cidade do Gama – DF.

Ou seja, está realmente falido todo o sistema penitenciário brasiliense, no tocante a vagas e contratação de pessoal, para trabalhar em tais estabelecimentos prisionais. Pois as vagas não existem nos dias de hoje, não conseguindo o Sistema penitenciário acolher os autores de crimes. Porém há dados que informam o verdadeiro quadro de superlotação no Distrito Federal no ano de 2012 sendo as fontes fidedignas, o juízo das execuções penais a toma atualmente medidas extraordinárias, visando que os apenados cumpram sim suas penas, porém em condições humanas, e não da maneira como se encontra, em meio o caos nas cadeias da capital do país.

O assunto abordado deve ser observado com cautela, pois com as atuais condições dos presídios do Distrito Federal, aumenta as chances de rebeliões, reincidência criminal, e só diminui os índices de ressocialização dos internos que cumprem penas privativas de liberdade no sistema penitenciário do Distrito Federal.

O fato do juiz da vara de execução penal Ademar Vasconcelos, não expedir mandados de prisões por um determinado período, é algo de caráter emergencial e que pode cominar no surgimento de novos estabelecimentos prisionais no Distrito Federal, medida radical e enérgica do Magistrado VEP/DF, chamou a atenção do poder público para essa realidade carcerária.

Fez também surgir às propostas de criação de quatro novos estabelecimentos penais no Distrito Federal, para acolher essa alta população carcerária que só tem aumentado nos últimos anos, um problema atual, e sério em meio ao século XXI, na Capital do país, é uma realidade triste, porém não só ocorre aqui, mas sim em muitos outros Estados do Brasil. O direito penal visa punir os criminosos na proporção dos seus delitos, mas o Estado tem a obrigação de garantir meios justos e humanos de cumprimento de pena.

O Direito penitenciário pode nos termos do artigo 24 da Constituição Federal ser legislado concorrentemente, isto é, não é apenas de responsabilidade da União, mas sim também do Distrito Federal competindo a ambos, já os Direitos da pessoa humana violados nesses presídio estão no texto Constitucional, e de acordo com o princípio da simetria estão ainda lastreados na Lei Orgânica do Distrito Federal, em seus artigos 2º parágrafo único inciso, II, dos valores fundamentais e artigo 3º, inciso I, dos objetivos prioritários.

Buscando alcançar assim, a paz e a incolumidade pública como bem maior, fazendo cessar a insegurança sofrida por parte de toda sociedade, e evitando o sentimento de revolta na população carcerária do Distrito Federal, não permitindo que tal revolta se convole amanhã

95

em rebeliões, diminuindo paulatinamente os riscos e chances, mesmo que sejam mínimas, de futuras rebeliões.

E até mesmo vindo por meio de uma forma digna de cumprimento de pena aumentar, os números de presos que cumprirão suas penas disciplinadamente com boa conduta, e se ressocialização logo em seguida, vindo assim a se reintegrar no seio do corpo social de novo, o que raramente acontece, porém não é algo impossível de se acontecer, e por isso mesmo, a superlotação no Distrito Federal deve ser evitada, combatida e aniquilada, pelos órgãos do poder público.

14. CRESCIMENTO EXAGERADO DE ENCARCERAMENTO NO DISTRITO FEDERAL

A partir do diagnóstico normativo, é possível dizer que para diminuir as taxas de encarceramento no Brasil haveria necessidade de reforma geral no quadro legislativo que atingisse todas as fases de persecução criminal, da investigação policial à execução da pena. Todavia, apesar de se entender como correta a assertiva da necessidade de racionalização e de ressistematização do quadro geral dos delitos, das sanções, dos procedimentos e da execução (Law in books), é possível afirmar que as mudanças devem operar, de igual forma e com intensidade, na cultura dos

96

atores jurídicos (Law in action). Isso porque ao longo do processo de formação do grande encarceramento nas duas últimas décadas inúmeras hipóteses concretas de estabelecimento de filtros minimizadores da prisionalização foram obstaculizadas pelo Poder Judiciário, nitidamente influenciado pela racionalidade punitivista. (GAUER, et al., 2010).

O tema superlotação dos presídios no Distrito Federal é algo que atualmente tem preocupado as autoridades, principalmente a judiciária qual demonstrou de pronto sua inconformidade com o fato, e o divulgou manifestando seu ponto de vista. A quantidade de presos provisórios é enorme e prejudicial, gera um déficit de vagas, é também uma infração de um dever por parte do Estado, aos Direitos dos presos constantes no artigo 41, da Lei de Execução Penal lei 7.201/1984.

Para Claus Roxin, o Estado pode sim vim a cometer algumas infrações quando atua no papel de custódia e execução das penas, prejudicando sim os condenados, que tem tais direitos assegurados. Portanto, são os direitos do artigo 41, da LEP passivos de serem infringidos pelo próprio agente do estado.

É de conhecimento de todos que os direitos dos presos não são absolutos, mas o poder público deve zelar pelo cumprimento desses Direitos, seja quando estiver o preso na condição de provisório, ou de sentenciado.

Pois são direitos com respaldo legal, sendo uma atribuição também do o próprio Ministério público fiscalizar tais instituições, dentro de um determinado prazo, periodicamente juntamente com o Poder judiciário, que se manifesta na pessoa do juiz das execuções Penais.

El primero consiste en la descripción 1o má precisa posibdle de acciones, constituyendo los llamados delitos de acción. Del segundo método se sirve el legislador allí donde no le interesa la cualidad externa de la conducta de lautor, porque el fundamento de la saniiónradica en que alguien infringe las exigencias de comportamiento que se derivan del papel social queilesempeña. O este último grupo le llama Roxin "delitos consistentesen la infracción de un deber" (Pflichdelikte) y su esencia consiste en que, a la hora de determinar elr re supuesto de hecho de la norma penal, el legislador se refiere a deberes que se crean entre los participanlos en el ámbito extrapenal. Ejemplos de este tipo em iiuestro Código Penal podrían considerarse la infidelidad en la cuctodia depesos (arts. 362 y 3631, laprevaricación de abogado y procurador (arts. 360 y 3611, el alzamiento de bienes (art. 5191, etcétera. Aunque sólo sea de paso, señalemos las consecuenciasque extrae Roxin de esta categoría de "delitos consistentesen la infracción de un deber".[48]

[48] ROXIN, Claus. **Política Criminal y Sistema Del Derecho Penal**. 2. ed. Buenos Aires: Hammurabi, Jose Luis de Palma, 2000. 118 p.

10.2 A PROBLEMATIZAÇÃO DA FALÊNCIA DO ESTADO COMO RESPONSÁVEL PELO DÉFICIT DE VAGAS NO SISTEMA PENITENCIÁRIO

O principal agente responsável por tal falência Estatal é o próprio Estado, pois incumbe a ele criar a manutenção de tais vagas, devendo não só criar estabelecimentos prisionais, mas também observar os meios necessários para o seu bom funcionamento.

Todavia a falta de vagas sempre existiu em alguns presídios do Distrito Federal. Porém, em pequena escala se formos considerar os números atuais, os quais são enormes guardando uma grande desproporção entre o número de presos e o real número de vagas, nos presídios do Distrito Federal.

Segundo Cezar Roberto Bitencourt, Howard insistiu na necessidade de construir estabelecimentos adequados para o cumprimento da pena privativa de liberdade, sem ignorar que as prisões deveriam proporcionar ao apenado um regime higiênico, alimentar e de assistência médica que permitisse cobrir as necessidades elementares.

Não se pode atribuir tal falência à outra pessoa se não o Estado, pois a Constituição Brasileira em seu artigo 144 dispõe o seguinte à segurança pública e dever do

Estado e responsabilidade de todos, traduzindo ainda em seu artigo 24, inciso I, que cabe a União, aos Estados e ao Distrito Federal   legislarem concorrentemente sobre Direito Penitenciário.

> CONCEITO DE DIREITO PENITENCIÁRIO: cuida-se de ramo voltado à esfera administrativa da execução penal, que é um procedimento complexo, envolvendo aspectos jurisdicionais e administrativos concomitantemente. O conceito é amplo não envolve apenas as atividades desenvolvidas em estabelecimentos penais, particularmente em penitenciárias. [49] GUILHERME DE SOUZA NUCCI. LEIS PENAIS E PROCESSUAIS PENAIS COMENTADAS. 5ª EDIÇÃO. EDITORA REVISTA DOS TRIBUNAIS SÃO PAULO 2010. OB. CIT. PG. 451. [...]

[49] NUCCI, Guilherme de Souza. **Leis penais e processuais penais comentadas**. 5. ed. São Paulo, SP: Revista dos tribunais, 2010.

Já no seu artigo 5º traz o rol de Direitos Fundamentais, constando em seu inciso III, que ninguém será submetido à tortura ou a tratamento desumano ou degradante. É de se observar que o texto constitucional é bastante garantista, não aceitando ele nem mesmo que, o meio ambiente seja degradado, muito menos que o ser humano seja submetido a alguma espécie de trato degradante.

Segundo José Afonso da Silva, a dignidade da pessoa humana é um valor supremo que atrai o conteúdo de todos os Direitos fundamentais do homem, desde o direito à vida "Concebido como referência constitucional unificadora de todos os direitos fundamentais.

> [...] observam Gomes Canotilho e Vital Moreira, o conceito de dignidade da pessoa humana obriga a uma densificação valorativa que tenha em conta o seu amplo sentido normativo- constitucional e não uma qualquer ideia arpiorística do homem, não podendo reduzi-se o sentido da dignidade humana à defesa dos Direitos pessoais tradicionais, esquecendo- a nos casos de direitos sociais, ou invocá-la para construir teoria do núcleo da personalidade individual, ignorando-a quando se trate de garantir as bases da existência humana. [50]

[50]SILVA, José Afonso da. **Curso de direito constitucional positivo**. 35. ed., rev. e atual. São Paulo: Malheiros, 2012. p. 105.

A Carta Constitucional ainda fala sobre a vedação a penas com caráter cruéis, e que deve o Estado se esforça para garantir os meios corretos de cumprimento das penas, e por último discorrer também sobre o direito a integridade física e moral dos presos em seu artigo 5º, incisos seguintes XLVII, letra (e), inciso XLVIII e inciso XLIX. Segundo Francesco Carnelutti em seu livro as misérias do processo penal ob cit. Pg.101, sob um certo aspecto se pode também assemelhar a penitenciária ao cemitério; mas se esquece que o condenado é um sepultado vivo. Não é necessário muito para compreender que em vez de cemitério deveria ser um hospital.

Ao falir na sua prestação obrigacional o poder público, o qual é o garantidor de vagas no sistema penitenciário do Distrito Federal, gerou um problema, pois tal falência cominou no atual cenário de Superlotação carcerária nos presídios do Distrito Federal, ou seja, o Estado falir é sim o problema. Sendo que, a consequência é o déficit de vagas no sistema prisional do Distrito Federal, disseminando uma Superlotação como nunca vista nos estabelecimentos penais da Capital da Republica.

Em termos, o poder público suspendeu a prestação a qual era obrigado, isto é, não cumpriu com o que era devido legalmente, tornou - se dessa forma falível. O problema atinge toda sociedade, mas primeiramente atinge a massa carcerária, que não é pequena atualmente, interferindo no cumprimento da pena.

Pois a ausência de vagas torna o ambiente propicio a revoltas por parte dos internos, pois sente uma sensação de abandono, esquecimento, o que segundo Francesco Carnelutti, são esquecido desde a sentença penal condenatória com, o pronunciamento da condenação, com o aparato que todos conhecem, mais ou menos é uma espécie de funeral; terminada a cerimônia, uma vez que o imputado sai da cela e o tomam em seu poder os guardas, continua para cada um de nós a vida e, pouco a pouco no morto não se pensa mais. .

Sabe – se que o Estado tinha o papel, não cumpriu, agora fica a dúvida não cumpriu porque não quis? Ou por não ter condições? Qual o real motivo? Será que a questão penitenciária não merece uma importância relevante?

O quadro de superlotação carcerária é sem dúvida um problema social, porém, não é primário, mas sim secundário, pois advêm da ausência de vagas para comportar a população carcerária nos presídios do complexo penitenciário da Papuda, Centro de Progressão Penitenciária e do Presídio Feminino no Gama – DF.

Sendo este déficit o problema primário, oriundo da atuação falha do Estado, cominando em seguida em um sistema prisional superlotado. Podendo tais problemas influenciar no controle social, após o cumprimento de pena (controle informal e formal), pois os internos destes estabelecimentos saíram mais revoltados e não reabilitados, isso se não se rebelarem antes cometendo faltas graves as que dificultam a progressão de regime.

Virão após o cumprimento da sanção penal ainda sofrerem preconceitos por ter cumprido pena, sendo tal preconceito é vedado explicitamente pela Lei Orgânica do Distrito Federal. De acordo com Michel Foucault, o preconceito social existe e é prejudicial, pois só o Estado é detentor do jus Puniend. Então se somente ele pode punir então na verdade o preconceito acaba se tornando uma "segunda punição que é realmente aplicada informalmente", é na maioria das vezes posterior a execução da pena, podendo também acontecer durante a execução sem dúvida alguma, o preconceito ocasiona muitos danos psicológico e não fortalece a reabilitação criminal, gera somente a exclusão social:

As massas quando, reconhecem em alguém um inimigo, quando decide castigar esse inimigo – ou reeducá – lo – não se referem a uma ideia universal abstrata de justiça, referem – se somente a própria experiência, a dos danos que sofreram, da maneira como foram lesadas, como foram oprimidas. Enfim, a decisão delas não é uma decisão de autoridade, quer dizer, elas não se apoiam em um aparelho do Estado que tem capacidade de impor decisões. Elas as executam pura e simplesmente. [51]

[51]FOUCAULT, Michael. **Microfísica do poder**. Rio de Janeiro: Graal, 2001. p. 45.

Esclarece ainda que, o presente trabalho visa abordar as questões, que ocasionam a superlotação, com uma imparcialidade investigativa e com fins meramente didáticos, criticando o Estado por seu ato de falência, sem, contudo, ir contra o sistema, ou seja, se faz necessário uma postura crítica em relação a tal problema, até mesmo para que o trabalho atinja sua finalidade precípua a qual é a de informar, logo após a fase investigativa. Portanto, destaca – se que severas críticas não são sem fundamentos.

Tendo em vista a obtenção de dados fidedignos junto ao Cartório da Vara de Execuções Penais do Distrito Federal. Informando com uma extrema objetividade após ter garimpado, por dados recentes para subsidiar o presente trabalho de pesquisa que, logrando êxito ao protocolar uma solicitação no Cartório da Vara de Execuções Penais do Distrito Federal. Desejando obter dados mais claros, sobre a atual situação nos presídios do Distrito Federal, no que tange a quantidade de vagas existentes, o seu verdadeiro déficit e também quantidade total de presos nos presídios do Distrito Federal no ano de 2012.

A solicitação foi atendida pelo Juiz da Vara de Execuções Penais do Distrito Federal. E Diretor de Secretaria do Cartório da VEP – DF, Senhor Magno Barbosa de Carvalho, entregou um relatório com dados da Gerência de Controle de Internos da Subsecretaria do Sistema Penitenciário do Distrito Federal, referentes ao mês de agosto de 2012.

10.3 DADOS DO SISTEMA PENITENCIÁRIO DO DISTRITO FEDERAL REFERENTES AO MÊS DE AGOSTO DE 2012.

Os dados mostram com fidelidade que no estabelecimento penal CDP – DF Centro de Detenção Provisória existem 1.048 vagas, possuindo 2.134 internos recolhidos, sendo o seu déficit de 1.086 vagas; no estabelecimento penal CIR – DF Centro de Internamento e Reeducação existem 793 vagas, possuindo 1.518 internos recolhidos, sendo o seu déficit de 725 vagas.

No estabelecimento penal PDF - I Penitenciária do Distrito Federal – I, há 1.584 vagas tendo 2.896 internos recolhidos, sendo o seu déficit de 1.312 vagas. Já no estabelecimento penal PDF – II, Penitenciária do Distrito Federal – II, há 1.464 vagas, havendo 2.696 internos recolhidos com um atual déficit de 1.232 vagas.

Na Penitenciária Feminina do Distrito Federal, há 504 vagas, havendo 791 internos recolhidos, sendo o seu déficit de 287 vagas, já no CPP – DF Centro de Progressão Penitenciária existem 1.130 vagas, contendo 1.101 internos recolhidos, não existindo déficit de vagas, do contrário há 29 vagas não preenchidas.

E por seguinte, com os dados obtidos foi possível formarmos o Gráfico abaixo que, de um modo mais detalhado demonstra o real tamanho do déficit de vagas, que deu origem ao problema social da Superlotação nos presídios do Distrito Federal.

GRÁFICO DA SUPERLOTAÇÃO NOS PRESÍDIOS DO DF

Gráfico 1- Superlotação nos presídios do DF.*

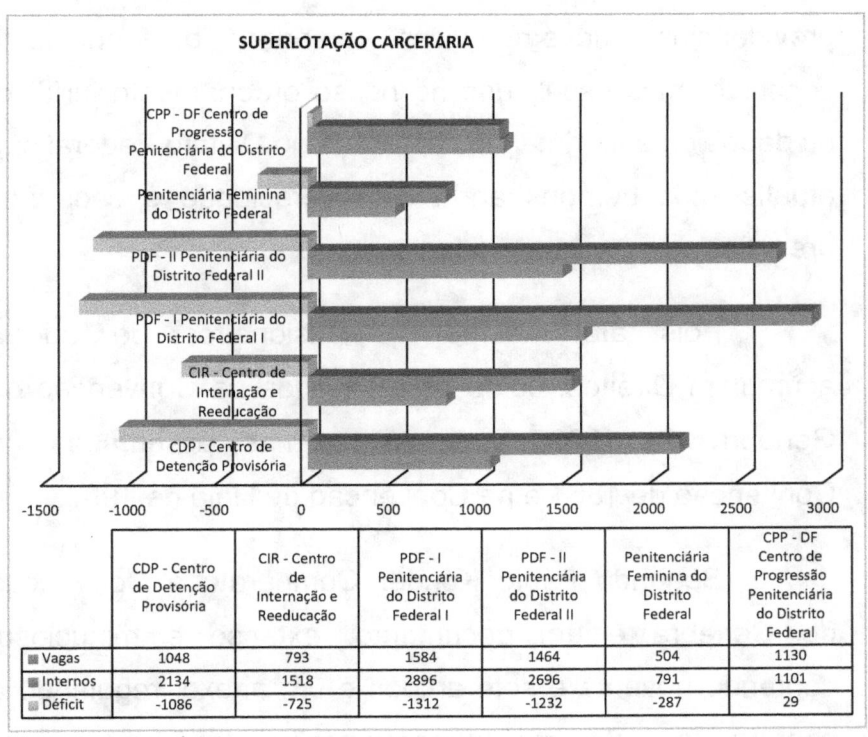

	CDP - Centro de Detenção Provisória	CIR - Centro de Internação e Reeducação	PDF - I Penitenciária do Distrito Federal I	PDF - II Penitenciária do Distrito Federal II	Penitenciária Feminina do Distrito Federal	CPP - DF Centro de Progressão Penitenciária do Distrito Federal
Vagas	1048	793	1584	1464	504	1130
Internos	2134	1518	2896	2696	791	1101
Déficit	-1086	-725	-1312	-1232	-287	29

*Dados da Vara de Execuções Penais do Distrito Federal e Gerência de Controle de Internos da Subsecretaria do Sistema Penitenciário do Distrito Federal, agosto de 2012

107

15. HIPÓTESES

11.1 CRIAÇÃO DE NOVAS VAGAS EM ATENDIMENTO AS NORMAS CONSTITUCIONAIS

Faz-se necessário, a criação em caráter de urgência de novos estabelecimentos penais nos Distrito Federal, pois o déficit de vagas é muito grande, tais providencias devem visar atender os princípios constitucionais esculpidos no nosso ordenamento jurídico, os dados da superlotação carcerária no Distrito Federal são atualíssimos demonstrando com veracidade o caos nos presídios e os riscos de rebeliões.

Pois até mesmo os prisioneiros de guerra acumulam Direitos, como os ratificados na Convenção de Genebra de 1929, e outras normas assentadas na Convenção de 1864 e na Convenção de Haia de 1907.

Segundo Fábio Konder Comparato a Convenção de Genebra é um documento, extenso e minucioso, contendo noventa e sete artigos e um anexo, regulando a captura, o cativeiro, a organização dos campos de prisioneiros, o trabalho dos prisioneiros de guerra suas relações com o mundo exterior bem como entre si e com as autoridades, o fim do cativeiro, a morte dos cativos, os escritórios de ajuda e informação. Então é possível percebemos que os presos mesmo em situação de guerra têm Direitos garantidos como, por exemplo, os descritos abaixo:

- Convenção relativa ao tratamento de prisioneiros de guerra Genebra, 1929 Parte I Disposições Gerais artigo 2º;
- Os prisioneiros de guerra acham - se em poder do governo inimigo, não em poder de indivíduos ou formações militares que os capturaram.
- Eles devem, em qualquer tempo se tratados humanamente e protegidos contra atos de violência, insultos e a curiosidade pública. [52]

[52] COMPARATO, Fábio Konder. **A afirmação histórica dos direitos humanos**. 2. ed. São Paulo: Saraiva, 2001. xiv, 488 p.

A constituição garante aos presos o Direito de não serem submetido a tratamentos cruéis e degradantes, também em seu artigo 1º, III, dá guarida constitucional ao o princípio fundamental da Dignidade da pessoa humana, sendo tal princípio corolário de muitos direitos da pessoa humana, irradiando dele direitos fundamentais e sociais, exigindo do poder público que se cumpra o mínimo de condições existenciais, para manutenção da vida, pois tais direitos já estão ratificados na Carta Magna.

Esse princípio encontra - se também no artigo 34, VII, b, da Constituição Federal, onde discorrer sobre os casos de intervenção, os direitos humanos são históricos e cumulativos, tendo sido conquistados com muitos esforços, por povos antigos. No tocante a superlotação carcerária no Distrito Federal, é tão somente ao atendimento desses direitos humanos, que deve nortear a construções de estabelecimentos prisionais no Distrito Federal. É sem dúvida os direitos humanos alvo de proteção até mesmo após uma condenação.

No exercício de seus direitos e liberdades, todo homem estará sujeito apena às limitações determinadas pela lei, exclusivamente com o fim de assegurar o devido reconhecimento e respeito dos Direitos e liberdades de outrem e de satisfazer às justas exigências da moral, da ordem pública e do bem-estar de uma sociedade democrática. Declaração Universal do Direitos Humanos artigo XXIX, 2. [53]

[53]COMPARATO, Fábio Konder. **A afirmação histórica dos direitos humanos**. 2. ed. São Paulo: Saraiva, 2001. xiv, 488 p.

Presídios com capacidade para alojar a enorme massa carcerária, dando condições dignas de cumprir sua pena, a superlotação traz a necessidade de novas penitenciárias no Distrito Federais, e ao se criar novas Penitenciárias automaticamente estará o Poder Público, atendendo o disposto na Constituição Federal, cumprindo desta forma o seu dever e solucionando por derradeiro o problema social da superlotação carcerária no Distrito Federal.

Segundo Armida Bergamini Miotto "o panorama penitenciário atual é o seguinte, não existe apenas um sistema penitenciário, porém muitos; há sistemas penitenciários muito bem organizados normativamente, mas não são assim vividos, donde resulta que apesar da sistematização de Direito, o que existe de fato, é ausência de sistema". [54]

[54]MUAKAD, Irene Batista. **Pena privativa de liberdade**. São Paulo: Atlas, 1996. p. 50.

Em meio a tal caos o Juiz da Vara de execuções penais, adverte o governo da tamanha necessidade dos futuros estabelecimentos prisional, ou do contrário terá que requisitar prédios públicos, transformando em abrigos provisórios. O juiz da Vara de execuções penais ainda alertou que os presídios do Distrito Federal estão sob enorme risco de rebeliões, devido às condições desumanas no interior dos presídios do Distrito Federal.

Já o Subsecretário do sistema prisional fala com temperança em não haver riscos de rebeliões, uma vez que, o número de presos varia a cada mês, existem no

Distrito Federal 6.500 vagas para comportar 11.300 presos, sendo muitos os casos de internos doentes e ociosos com carência de assistência profissional.

Tanto do ponto de vista de Durkhein, quanto de Merton, o resultado é o mesmo. Para esses autores, as condições sociais causam determinados estados psicológicos e estes por sua vez dão origem a condutas desviadas. Como os processos de mudança no mundo atual são intensos e velozes, é comum acontecer que surjam transtornos sociais, sensação de falta de objetivos e de desespero, ou seja, manifestações anônimas. [55]

[55] DIAS, Reinaldo. **Sociologia do direito**: a abordagem do fenômeno jurídico como fato social. São Paulo: Atlas, 2009. p. 162.

Entretanto, o Conselho Distrital de Promoção dos Direitos Humanos - CDPDDH, por intermédio de seu presidente Michel Platini, se manifestou Publicamente logo após a SESIPE - Subsecretaria do Sistema Prisional da Secretaria de Estado de Segurança do Distrito Federal ter disponibilizado sua resenha diária no dia 09 de agosto de 2012, com os seguintes dados o Sistema Penitenciário do Distrito Federal conta atualmente com 6.523 (seis mil quinhentos e vinte e três) vagas disponíveis, e abriga hoje 11.227 presos.

É salutar informa que o MPDFT – Ministério Público do Distrito Federal ajuizou na Vara de Execuções Penais – TJDFT uma ação solicitando a interdição no Sistema Penitenciário do Distrito Federal, devido a um princípio de rebelião no seio do Sistema. A uma relação uma relação direta entre a disposição arquitetônica prisional e a saúde mental do sentenciado, a arquitetura atual não sugere equilíbrio e elevação do espírito, nem provoca bom estado de humor; ao contrário reaviva ideias de repressões, ameaças austeridade depressão; em síntese, o próprio superego implacável, de que fala Melanie Klein. Irene Batista Muakad. PENA PRIVATIVA DE LIBERDADE. Editora. Atlas. 1996. Pg.50. Ob. cit.

Os problemas que se originam com a superlotação são os seguintes: dificuldades nos atendimentos Médicos, má qualidade na alimentação, um reduzido contingente de agentes penitenciários e profissionais da área de segurança Pública que trabalham sobre fortes condições de pressão, sobrecarregados.

Existe no CNJ – conselho nacional de justiça um procedimento em desfavor do Distrito Federal, devido ao problema da superlotação nos presídios. Até mesmo a ONU – Organizações das Nações Unidas agendou uma visita no Sistema Penitenciário do Distrito Federal, visando verificar violações aos Direitos Humanos existentes no interior dos estabelecimentos penais do Distrito Federal.

Em meio a tal situação o CDPDDH - Conselho Distrital de Promoção dos Direitos Humanos marcou também uma audiência pública para o dia 06 de setembro de 2012 às 14h30min, onde debaterá o assunto da superlotação carcerária do Distrito Federal, e supostas violações aos direitos humanos no âmbito do Sistema prisional Brasiliense, os direitos que se exige nos dias de hoje são os mesmo que no tempo de império foi observado com cautela, um puro ato nobre da Nobreza Imperial.

> D. Pedro, após o erro judiciário ocorrido no caso Mota Coqueiro, sofrendo influência dos princípios liberais do iluminismo que refletiram na cultura do judiciário Nacional e nos códigos das Repúblicas latino-americanas. Preocupou-se seriamente com a dignidade da pessoa humana presa e estabeleceu que o cárcere não deveria ser somente um instrumento de proteção de classe, de castigo e torturas, mas haveria de ser fonte de emenda e reforma moral para o condenado.[56]

[56]MUAKAD, Irene Batista. **Pena privativa de liberdade**. São Paulo: Atlas, 1996. p. 16.

Tendo sido convidadas para esta audiência públicas várias autoridades, legislativas as Deputadas Erika Kokay e Celina Leão, Comissão de Direitos Humanos da Câmara Legislativa do Distrito Federal, executivo secretária de Estado de Segurança e Secretaria de Justiça, Diretores dos Presídios e do judiciário Juiz da - VEP, MPDFT, sindicatos dos trabalhadores e Comissão de Direitos Humanos da Câmara Federal.

[...] A atividade legislativa da década de 90 no Brasil, potencializada em parte pelo conjunto de normas constitucionais programáticas, ampliou as hipóteses de criminalização primária e enrijeceu o modo de execução das penas. Paralelamente à criação de inúmeros novos tipos penais, houve substancial alteração na modalidade de cumprimento das sanções, sendo o resultado dessa experiência visualizado na dilatação do input e no estreitamento do output do sistema, fato que provocou aumento vertiginoso nos índices de encarceramento. O exemplo mais significativo da tendência punitivista que orientou a política criminal brasileira foi a edição da Lei 8.072/90, a qual aumentou as penas dos delitos classificados como hediondos e, no que diz respeito à execução penal, CRIMINOLOGIA E SISTEMAS JURÍDICOS PENAIS CONTEMPORÂNEOS II AUTORA: RUTH MARIA CHITTÓ GAUER (ORG) EDITORA: EDIPUCRS, Porto Alegre, 2010, 154 CARVALHO, Salo de – Substitutivos penais na era do grande encarceramento. [...]

O CDPDDH- Conselho Distrital de Promoção e Defesa dos Direitos Humanos ainda solicitou por intermédio da Deputada Erika Kokay uma audiência com o

Governador do Distrito Federal Agnelo Queiroz, visando buscar uma imediata solução para a superlotação nos presídios do Distrito Federal, que sofrem risco iminente de rebeliões.

Em tal situação observa-se a responsabilidade do Estado, sendo que esta é objetiva nos termos do art. 37 parágrafos 6°, da Constituição da república, e no tocante a responsabilidade do estado por omissão de acordo com Maria Sylvia Zanella di Pietro, citando as palavras do renomado José Cretela Júnior, a omissão configura a culpa in omitendo ou in vigilando.

No caso de omissão do poder público os danos em regra não são causados. Por agentes Públicos. São causados por fatos da natureza ou fatos de terceiros. Mas poderiam ter sido evitados ou minorados se o Estado, tendo o dever de agir se omitiu. MARIA SYLVIA ZANELLA DI PIETRO. DIREITO ADMINISTRATIVO 25ª EDIÇÃO EDITORA: ATLAS SÃO PAULO 2012. OB. CIT. PG. 710.

O Conselho Distrital de Promoção e Defesa dos Direitos Humanos se preocupa com as reais chances de uma rebelião vim a se desencadear, nos presídios do Distrito Federal, gerando riscos para os agentes os presos, pondo assim toda sociedade em perigo, pois em caso de não se resolver o problema levantado pelo Juiz da Vara de execuções, Ministério Público do Distrito Federal e Territórios e do Conselho de Promoção e Defesa dos Direitos Humanos, acarretará numa enorme insegurança para a população do Distrito Federal.

O conselho Distrital de Promoção e Defesa dos Direitos Humanos espera que, o Governo do Distrito Federal, se disponha a atender as solicitações da audiência, e se comprometa a resolver os pedidos elaborados, vindos dessa forma, a estabelecer a paz pública com uma harmonia nos estabelecimentos prisionais, e cumprindo o seu dever de garantir os direitos da pessoa humana.

Lutando para que tais homens não sejam vistos simplesmente como criminosos irrecuperáveis, mas sim como seres humanos merecedores de atenção por parte do poder público, para que se reabilite- se cada vez em maior número.

[...] MEMÓRIAS DO CÁRCERE (I)

Graciliano Ramos

"O mundo se tornava fascista.

Num mundo assim, que futuro nos reservariam?

Provavelmente não havia lugar para nós,

éramos fantasmas,

rolaríamos de cárcere em cárcere,

findaríamos num campo de concentração.

Nenhuma utilidade representávamos na ordem
nova.

Se nos largassem,

vagaríamos tristes,

inofensivos e desocupados,

farrapos vivos,

fantasmas prematuros;

desejaríamos enlouquecer,

recolhermo-nos ao hospício

ou ter coragem de amarrar uma corda ao pescoço

e dar o mergulho decisivo.

Essas ideias, repetidas, vexavam-me;

tanto me embrenhara nelas

que me sentia inteiramente perdido."

Trecho do livro "MEMÓRIAS DO CÁRCERE" de Graciliano Ramos

Graciliano, depois de 09 meses no cárcere, assim descreveu o sentir de um preso, Apesar de se passar na década de 30, o livro "Memórias do Cárcere" é atualíssimo. Em todas as épocas, a classe dominante tem encontrado formas de "prisão" para os seus dissidentes e excluídos. Faz-se erradamente uma diferença entre presos políticos e presos comuns. Todos são presos políticos, a diferença é que a prisão dos presos comuns é considerada "legal", dentro dos ditames da Justiça.

Fábio Konder Comparato (2001) disse em seu artigo "Ordem sem progresso" que "Toda a nossa história demonstra que é perfeitamente possível instituir as maiores injustiças num regime de superficial legalidade."

Quando homens são condenados e abandonados em celas superlotadas, sofrendo misérias, torturas e degradações, com o aval de grande parte da sociedade, é porque os componentes dessa parcela da sociedade se considera inatingível pela Justiça. Sabem que a prisão não é para eles, mas sim depósito de indivíduos marginalizados.

A criminalidade tem suas raízes na confluência de uma série de fatos históricos. As cadeias estão cheias de "mulas", "gerentes de bocas" e desempregados - delinquentes que cometeram pequenos delitos - meros dejetos de uma ordem estabelecida - e não de "bandidos perigosos" como é alardeado pela mídia, a serviço desse status quo no sistema penitenciário brasileiro.

Porém, tal harmonia e paz pública só serão possíveis se o poder público se compadecer dos problemas enfrentados pelos internos, com a superlotação nas penitenciárias do Distrito Federal. Sendo que as construções de quatro novos presídios devem ser dar em caráter emergencial, juntamente com lançamentos de editais de concurso para contratação de novos agentes.

Criação de casas do albergado no Distrito Federal, Independente do descrédito existente pelo alto índice de reincidência (superior a 50%). O benefício de poder o preso estudar durante o cumprimento da pena. Pois tal direito é também lastreado constitucionalmente e na Lei de Diretrizes e Bases da Educação, no tocante ao ensino básico, fundamental é um dever do Estado.

Pois segundo Michel Foucault o trabalho é essencial para a reabilitação do condenado, podendo- se também considerar a educação como tal nos dias atuais,

> [...] se a pena infligida pela lei tem por objetivo a reparação do crime, ela pretende também que o culpado se emende, esse

120

> duplo objetivo será cumprido se o malfeitor for arrancado a essa ociosidade funesta que tendo – o atirado à prisão, aí viria a encontrá-lo de novo e dele se apoderar para conduzi-lo ao último grau de depravação. [57]

[57]FOUCAULT, Michael. **Vigiar e punir**: nascimento da prisão. 28. ed. Rio de Janeiro, RJ: Vozes, 2004. p. 202.

E uma política de melhorias para os agentes em serviços, melhoria também na alimentação sendo ainda garantido o direito a outra refeição, higiene e salubridade no interior dos presídios, se faz necessário a aquisição de um scanner corporal e outras melhorias mais que se fizerem necessárias para garantir condições dignas de internação e uma posterior reabilitação desses internos para o seio da sociedade.

Os agentes Penitenciários devem se portar como educadores e ao mesmo tempo Gestores de Pessoas visando um melhor convívio com os internos, já estes devem pautar pelo bom comportamento, renovando a cada dia os seus valores princípios e enxergando o agente Penitenciário como seu verdadeiro líder, presente no cumprimento da pena que os conduzirão a uma reforma moral.

De acordo com Cezar Roberto Bitencourt, Howard pôde captar a importância do pessoal do pessoal penitenciário na execução da pena privativa de liberdade. Embora atualmente não se fale em carcereiros – mais por eufemismo -, na verdade continua sendo importante que o pessoal, além de outras qualidades seja honrado e possua elevado sentido humanitário.

Não tenho, como já foi dito, a ilusão de regeneração total e absoluta de tantos quantos tenham ingressado seara do crime. Mas, acredito firmemente que, se algo for feito com seriedade, então será possível evitar uma grande parcela de reincidência sobre tudo em crimes dolosos. [58]

[58]FALCONI, Romeu. **Reabilitação criminal**. Ícone editora, 1995. p. 45, (Elementos de direito).

Todo homem tem princípios e a educação ajuda a fortalecê-los ainda mais, mas é sabido que tal trabalho não será fácil, pois de acordo com O Marquês de Beccaria, a moeda da honra distribuída com sabedoria, nunca se esgota e produz sempre bons frutos. Finalmente, a maneira mais segura, porém ao mesmo tempo mais difícil de torna homens menos propensos a prática do mal, é aperfeiçoa a educação. [59]

[59]BECCARIA, Cesare marchese di. **Dos delitos e das penas**. 2 ed., rev. e atual. . São Paulo: Revista dos tribunais, 1999. 149 p. (RT Textos Fundamentais).

[...] A busca do desenvolvimento mútuo e continuado entre organizações e pessoas é sem dúvida um dos aspectos mais importante Gestão de Pessoas. A legitimidade da área está fortemente vinculada a sua capacidade de desenvolver pessoas – a única forma de ultrapassar obstáculos que se colocam para o futuro das organizações e torna-las permanentemente viáveis. Idalberto Chiavenato. Gestão de Pessoas 2ª edição. Editora Campus/Elsevier 2005 4ª tiragem. Pg. 360 ob. Cit.[...]

É de extrema necessidade que a sociedade mobilize- se, pois, ela tem uma importante missão de prestar assistência a todos que já de algum modo transgrediu a legislação penal, agindo assim a sociedade simplesmente reduzirá os tristes números de reincidência, advindos na sua maior parte do descaso e com o condenado e o egresso. O artigo 80 da LEP traz o rol taxativo da composição do Conselho da Comunidade e a sua obrigatoriedade em qualquer comarca.

Destaca-se em tal composição a figura do Advogado, não porque as outras não sejam importantes mais sim por se ele como um médico para os presos, como foi dito acima o agente penitenciário tem o papel de educar e reeducar.

Já o Advogado tem o dever social de trazer a cura, estando englobada a educação também dentro da dessa

123

cura, deve o médico dos presos ter um olhar humanitário, não só ele, mas todos os atores que atuam no Sistema prisional, agentes, presos e os seus parentes, Ministério Público, Poder Judiciário. Pois é notável a carência dos condenados do ponto de vista técnico profissional.

> O preso é, essencialmente, um necessitado. A escala dos necessitados foi traçada naquele discurso de Cristo, ao qual já tive ocasião de fazer alusão, referido no capítulo vigésimo quinto de São Mateus: famintos, sedentos, desnudos, vagabundos, enfermos, presos; uma escala que conduz da essencial necessidade física, ou melhor, animal à necessidade essencialmente espiritual: o preso não tem necessidade de alimento, nem de vestimenta nem de casa nem de remédios; o único remédio, para ele é amizade. As pessoas não sabem, e nem sequer o sabem os juristas, que o que se pede ao advogado é a esmola da amizade, antes de qualquer outra coisa. O próprio nome do advogado soa como um grito de ajuda. Advocatus, vocatus ad, chamado a socorrer. Também o médico é chamado a socorrer; porém somente ao advogado se dá este nome, isto é, entre a assistência do médico e a assistência do advogado existe uma diferença, a qual, não advertida pelo Direito, é, entretanto, descoberta pela curiosa percepção da linguagem. Advogado é aquele a qual se pede, em primeiro lugar, a forma essencial da ajuda, que é, propriamente a amizade.[60]

[60] CARNELUTTI, Francesco. **As misérias do processo penal**. Campinas, SP: Servanda, 2010. p. 32-33.

"[estava] nu, e vós me vestistes. Fiquei doente, e vós cuidastes de mim. Eu estava na prisão, e vós me visitastes. " MATEUS, Cap. 25, Vers. 36. TRADUÇÃO DO NOVO MUNDO das ESCRITURAS SAGRADAS.

A Defensoria Pública do Distrito Federal atua como um verdadeiro advogado da maioria dos presos do sistema penitenciário, não ficando inerte frente a tal caos, pelo contrário tem agido de forma solidária demonstrando ser "um médico" fez um mutirão carcerário entrevistando os presos, buscando dados sobre a existência de condições subumanas e tratamentos cruéis e degradantes e outras violações a direitos humanos.

Observamos que todos defensores públicos que atuam no Núcleo de Execução Penal da VEP/DF atuam com muita dedicação, e também vislumbram e reforçam a ressocialização dos presos.

Alguém dirá que vejo assim a advocacia sob o perfil da poesia. Pode ser. A poesia de seu ofício é algo que um advogado sente em dois momentos da vida: quando veste pela primeira vez toga ou quando, se propriamente não a depôs, está para depô-la: no nascer e no ocaso. No nascer, defender a inocência, fazer valer o direito, fazer triunfar a justiça: esta é a poesia. Depois, pouco a pouco, caem as ilusões, como as folhas da árvore, depois do fulgor do verão; mas por meio do emaranhado dos galhos, cada vez mais despidos, sorri o azul do céu.

Agora já não estou seguro de haver defendido a inocência, nem de ter feito valer o direito, nem de haver feito triunfar a justiça; e, sem dúvida se o Senhor me fizesse nascer de novo, começaria outra vez. Não obstante os fracassos, as amarguras, os desenganos, o balanço é positivo; se faço a análise dele, dou-me conta de que o começo capaz de preencher todas as deficiências consiste precisamente naquela humilhação de dever me encontra, a tantos desgraçados, contra os quais se desencadeia a ofensa e se aumenta o desprezo, no último degrau da escala.[61]

61 Idem.p.39.

Pode-se observa que, aproximadamente 80% dos presos do complexo penitenciário da Papuda e da Colméia são atendidos pela Defensoria Pública do distrito Federal, através do NEP- Núcleo de Execução Penal, em tal ambiente o fluxo de processo é enorme, por isso fazíamos pedidos de benefícios como, por exemplo: progressão de regime, saídas temporárias e trabalho externo com dois ou três meses de antecedência.

Isso era visível de se observar durante o tempo que lá permanecemos como Colaboradores, tendo absorvido uma enorme gama de conhecimentos no tocante a execução penal e também feito muitas amizades. O que nos chamava à atenção também era o fato de muitos presos desconstituírem seus advogados na fase executória da pena, e entregar sua causa a Defensoria Pública do Distrito Federal, para que daí em diante a patrocinasse.

> Como se sabe o art. 5º, LXXIV, da CF/88 estabelece que o Estado prestará assistência jurídica integral e gratuita aos que comprovarem insuficiência de recursos. Esse direito é um garantia fundamental instrumentaliza-se por meio o da Defensoria Pública, instituída pela CF/88(ART. 134 caput), que determinou a sua organização em carreira própria e a estabeleceu como instituição essencial a função jurisdicional do Estado, incumbindo-lhe a orientação jurídica e a defesa, em todos os graus, dos necessitados.[62]

[62]LENZA, Pedro. **Direito constitucional esquematizado**. 16. ed. rev., atual. e ampl. São Paulo: Saraiva, 2012. p. 309.

O Ministério Público também agir com convicção cobrando do poder Executivo do Distrito Federal a construção de quatro novos e necessários presídios no complexo penitenciário da Papuda. Merecendo um destaque o papel das promotoras de Justiça Cleonice Varalda e Alvarina Nery as quais participaram, de uma reunião com o governador do Distrito Federal, Agnelo Queiroz, secretário de Segurança Pública, Sandro Avelar, e muitas outras autoridades.

Visando discutir a superlotação nos estabelecimentos prisionais da Capital da República. Um dia antes, as promotoras de Justiça Adriana Hollanda e

Helena Duarte, também se juntaram com Cleonice e Alvarina, se encontraram com o diretor do Departamento Penitenciário Nacional (Depen), Augusto Rossini. O objetivando trazer ao conhecimento das autoridades públicas a realidade na qual se encontra o sistema penitenciário do Distrito Federal e por derradeiro cobrando a o investimento dos recursos financeiros para sanar as deficiências apontadas.

As promotoras de justiça denominaram a situação como alarmante. A construção de novos estabelecimentos prisionais é medida de extrema urgência. Existe, por exemplo, estabelecimentos que possuem celas com capacidade para oito presos sendo que hoje alojam cerca de 30. Informa ainda que o Governo Federal vai destinar cerca de R$ 10 milhões para a ampliação do Centro de Detenção Provisória e da Penitenciária Feminina, o que gerará mais 800novas vagas. Ainda assim, o DF terá que investir recursos próprios para a construção de mais vagas.

Cumpre salientar que Promotorias de Justiça de Execuções Penais se reúnem, há muito tempo, com a Subsecretaria do Sistema Penitenciário e com a Secretaria de Segurança Pública do Distrito Federal buscando solucionar problema.

O Ministério Público do Distrito Federal e Territórios debate, também, a ampliação das vagas para estudo, profissionalização e trabalho nos estabelecimentos prisionais, bem como para a implantação e adequada manutenção dos serviços penitenciários.

> E quando a opinião pública não esteja preparada ou não compreenda as modernas reações contra a prisão e a necessidade de a substituir por medidas que, sem deixar de reprovar reeducam, ressocializam e recuperam os delinquentes, impedindo realmente a reincidência, o caminho será ajudá-la, por todas as formas, a tomar consciência do problema em toda suas perspectivas. Só, aliás, através de um a vasta gama de reações – e as não institucionais desdobram-se, na sua realização concreta, quase em tantas quantos os casos a que se aplicam - é possível, mesmo no plano ético jurídico, tal como entendemos, praticar um penologia diferenciada que verdadeiramente sirva o sentido do Direito Criminal moderno.[63]

[63]SILVEIRA, Alípio. Prisão albergue e regime semiaberto: legislação, doutrina e jurisprudência. São Paulo: Brasil Livros, 1981, v. 1, p. 13.

O Ministério Público do Distrito Federal e Territórios percebeu que, não existe, por parte do Governo do Distrito Federal, um real plano e uma vontade necessária para mudar a situação, o que motiva ações judiciais para reparar as omissões. Além do problema da superlotação das unidades prisionais, o MPDFT também levou ao conhecimento do governador os seguintes problemas do sistema prisional:

Ausência e irregularidade na assistência material ao preso como falta e irregularidade no fornecimento de colchões, cobertores, roupas de cama, material de higiene, limpeza e uniforme. De acordo com Maria Helena Diniz, examinando a questão da Responsabilidade Civil do Estado, ou Melhor, das pessoas jurídicas de direito público, que na lição de Celso Antônio Bandeira de Mello, é, sem dúvida, nos casos de atos ilícitos (comissivos ou omissos) uma consequência do princípio da legalidade.

As pessoas jurídicas como as físicas devem, portanto, ressarcir os prejuízos causados a outrem. O Estado, sendo pessoa jurídica de direito público, não foge a regra, mas sua responsabilidade rege-se por princípios próprios, visto que os danos que causam advêm do desempenho de funções que visam atender o interesse da sociedade, não sendo justo que somente algumas pessoas sofrem com o evento lesivo oriundo da atividade exercida em benefício de todos assim quem auferir os cômodos deve suportar os ônus, de maneira que, se a sociedade encarnada- juridicamente no Estado; obteve vantagem, deverá arcar com os encargos. CURSO DE DIREITO CIVIL BRASIELIRO. MARIA HELENA DINIZ VOLUME 7º. RESPONSABILIDADE CIVIL. EDITORA: SARAIVA 15ª EDIÇÃO 2001

Insuficiência de ações e programas destinados à profissionalização do preso, bem como para geração de vagas de trabalho e estudo. As iniciativas hoje existentes não atingem 10% da população carcerária do Distrito Federal. Número insuficiente de servidores, o que implica lesão aos direitos dos presos, como, por exemplo, banho de sol, escoltas para atendimentos na área de saúde e assistência social;

Recursos do Fundo Penitenciário do Distrito Federal que poderiam ser utilizados em benefícios dos presos para minimizar a situação caótica são usados para suprir demandas da área administrativa, que deveriam ser custeadas totalmente pela Secretaria de Segurança do Distrito Federal.O Fiscal da Lei está cumprindo tão somente com seu papel na execução da pena e em relação à superlotação nos presídios do Distrito Federal.

[...] Em razão disso, dispõe a LEP em no seu artigo 67 que caberá ao Ministério Público Fiscalizar a execução da pena e da medida de segurança, oficiando no processo executivo e nos incidentes da execução. Constitui ofensa ao art. 67 da Lei de execução penal, o juízo da execução declarar extinta a punibilidade atribuída ao réu [...] sem que antes abrisse vistas dos autos ao Ministério Público (STJ, 6ª T., Resp. 659/ SP, RSTJ 15/225). [...]

EXECUÇÃO PENAL SIMPLIFICADO. FERNANDO CAPEZ. OB. CIT. PG. 53 a 54.

11.2 O CUMPRIMENTO PELO PODER JUDICIÁRIO DE SEU PAPEL COMO ÓRGÃO JULGADOR, ACABANDO COM A MOROSIDADE NOS SEUS JULGAMENTOS DIMINUINDO DESSA FORMA O NÚMERO DE PRESOS PROVISÓRIOS.

Agora focando o presente trabalho na atuação do poder Judiciário, este tem sido alvo de severas críticas e destaque na mídia, como por exemplos matérias divulgada pelo Jornal do Distrito Federal em seu caderno de segurança no dia 17 de agosto de 2012 relatando que os processos estão parados no TJDFT e seis mil mandados estão paralisados devido à falta de vagas nos presídios processos a notícia narra ainda que alguns direitos estejam sendo desrespeitados.

[...] A situação carcerária do Distrito Federal está mais crítica do que se imagina. O alerta é da Vara de Execuções Penais (VEP) do Tribunal de Justiça do DF. Dados da VEP apontam que existem mais de seis mil mandatos de prisão parados, pois as cadeias já estão lotadas. Hoje, existe um déficit de aproximadamente cinco mil vagas. As sete unidades prisionais oferecem 6.523, o que não é suficiente para atender os 11.331 presos existentes. A Subsecretariado Sistema Penitenciário (Sesipe) confirma a carência, mas garante que medidas estão sendo tomadas. Para o titular da Vara, Ademar Vasconcelos, a situação é grave. "A polícia prende uma média de cem pessoas por semana. No final do ano, são mais de quatro mil. Como faço para colocar esse tanto de gente presa? Acaba que temos que descumprir a lei, para não piorar a situação", ressalta. Ele lembra que a superlotação em presídios não é novidade, mas a situação é alarmante. "É necessário construir mais unidades prisionais e contratar servidores. A nossa pauta de processos está em maio, ou seja, apesar de todos os problemas, só estamos três meses atrasados. Tem juiz que sai daqui tarde da noite e trabalha aos fins de semana, pois sabe da necessidade de agilizar esses processos", diz. De acordo com o juiz, aproximadamente 31 mil processos estão em andamento. São caixas e caixas de processos espalhados pela VEP. DIREITOS DESRESPEITADOS Pela lei brasileira, cada preso deve ter pelo menos seis metros quadrados de cela, o que não tem acontecido. Segundo o juiz da VEP, os direitos humanos estão sendo desrespeitados. "Não existe esse espaço nas unidades prisionais do DF. Além disso, o GDF tem que dar conta das 11,3 mil refeições, pelo menos três vezes ao dia. Pois, por mais que ele esteja preso, tem que ser cuidado. Mas a estrutura que se tem hoje não atende as expectativas", declara. De acordo com Vasconcelos, a superlotação nas unidades prisionais acarreta diversos problemas graves. "Pode causar rebelião; tem também a angústia dos presos em relação ao benefício, querendo ter sua progressão de pena; tem a angústia da família; e a sensação de insegurança na sociedade. Tudo isso pela burocracia do processo e pela falta de estrutura", diz. Problema vai além de acordo com o juiz da Vara de Execuções Penais (VEP) do Tribunal de Justiça, Ademar Vasconcelos, é fundamental que se tenha uma estrutura adequada nos presídios. Pois, segundo ele, para cuidar de apenas um preso, é preciso movimentar muita gente. "Assim como o trabalho, estudar também reduz a pena. Doze horas de estudo diminuem um dia de prisão. O problema é que não tem professor, pois quem é que quer ficar oito horas trancado em uma cela com presos? Outro problema é com médicos, dentistas, enfermeiros. Nas unidades não tem esses atendimentos. Então, temos que deslocá-los para um hospital, o que movimenta ainda mais pessoas, pois eles precisam ser escoltados. A situação é difícil", diz. A Subsecretaria do Sistema Penitenciário (Sesipe-DF) confirma a superlotação nas unidades prisionais do DF e admite que precisa de mais pessoal, mas garante que medidas estão sendo tomadas. Segundo a subsecretaria, há previsão de construção de três presídios, mas sem datas definidas. A subsecretaria informa ainda que também existe um déficit de servidores no sistema. Atualmente, o quadro é formado por 1.356 agentes, enquanto seriam necessários pelo menos 1,7 mil homens. Existem 244 vagas em aberto, que poderão ser preenchidas pelas pessoas que foram aprovadas no último concurso. Contudo, o processo está emperrado na Justiça e poderá levar algum tempo para esses servidores serem nomeados. Para tentar amenizar a questão da superlotação, o Ministério da Justiça informou que o DF receberá R$ 10 milhões provenientes do Programa Nacional de Apoio ao Sistema Prisional. Serão geradas 540 vagas, sendo 200 em estabelecimentos penais femininos e 340 em cadeias públicas.[64]

[64]FARIAS, Kamila, Processos penitenciários estão parados por falta de vagas, **Jornal de Brasília**, 17 ago. 2012.grifo nosso.

Porém recentemente tem sido também o poder Judiciário alvo de grandes elogios, como por exemplo: a matéria publicada no dia 24 de setembro de 2012 onde agora o Jornal Correio Brasiliense trás como destaque a agilidade por parte do Poder Judiciário nos julgamentos dos acusados de crime, ou seja, tal celeridade diminui um pouco a superlotação carcerária.

Pois com julgamentos céleres os presos provisórios não permanecem ocupando uma vaga quando na sua sentença condenatória o juiz fixar o regime aberto ou até mesmo condenar a pena de reclusão, mas em seguida substituir a pena privativa de liberdade por uma restritiva de direitos quando a lei assim o permitir nos termos do artigo 44 do Código Penal.

Destaca ainda o jornal que o Fórum de Taguatinga-DF é um dos líderes de agilidade, informa ainda que há uma preocupação do CNJ com o lapso temporal de detenção dos réus presos preventivamente antes da condenação, onde criaram até mesmo uma tabela para controle dos réus presos.

[...] Quando a justiça não tarda

Na contramão do pensamento comum de que a condenação no Brasil é lenta, tribunal do DF dá respostas rápidas à sociedade, em alguns casos ocorridos este ano na capital, sentenças foram aplicadas quatro meses após os crimes.

Mais Estrutura, a maior agilidade pode ser explicada principalmente por dois fatores: o esforços dos juízes para cumprir as metas estabelecidas pelo Conselho Nacional de Justiça- CNJ e o aumento da estrutura do TJDFT."A agilidade na tramitação dos processos é muito importante. Uma ação demorada aumenta a sensação de impunidade" (Valéria Velasco subsecretária de Proteção as

vítimas de Violência) [...] Fonte CORREIO BRASILIENSE.
Grifo nosso

11.3 INOVAÇÃO DA ORDEM JURÍDICA COMO FORMA DE RESGARDAR OS DIREITOS DOS PRESOS CONTIDOS NA LEI 7.210/1984

Sendo de grande importância para solucionar o caos da superlotação no Distrito Federal, também uma reforma da ordem jurídica visando assim garantir os direitos contidos na LEP- Lei de execução Penal, pois tal lei como já é cediço data do ano de 1984, fazendo jus a uma reforma urgentemente

Essa correção deve ser no texto integral da lei, e não só em relação a alguns direitos, como foi o caso da mais recente alteração, que, por exemplo: instituiu reforma na remição, quanto às horas de estudos que passaram de 18 horas para 12 horas estudadas exigidas para remir um dia da pena.

Segundo Armida Bergamini Miotto, houve na lei 3.274/57 em seus artigos 26 a 28 estabelecia que a assistência aos sentenciados, liberados e egressos e suas famílias e as das vítimas, começasse desde o início do cumprimento da pena deviam ser moral, material e jurídica, compreendendo todos os meios de prevenção contra a
137

reincidência de modo que assegurasse aos assistidos e as suas famílias, lar honrado, profissão honesta e ambiente de bons costumes.

Portanto, a Lei de Execuções Penais, ao dispor sobre os direitos a saúde, educação, assistência social, exercício do trabalho e de atividades intelectuais, entre outros artigos. 41 83 e 89 da LEP dispôs também sobre a obrigação do Estado em oferecer condições materiais à execução desses direitos, o que demonstra a enorme necessidade de inovação na lei de execução penal, já que na própria capital do país está comprovado o caos penitenciário.

Objetiva-se com isso a ressocialização do detento, visando reinseri-lo na sociedade em condições de convivência com o outrem, observando-se, também, o seu desenvolvimento intelectual. Fazendo um paralelo com a teoria de Skiner acerca do reforço positivo e negativo, o espírito da lei busca estabelecer uma conduta comportamental escorreita, com um padrão totalmente adequado ao que se espera de um cidadão no convívio social.

Dando oportunidades para os condenados demonstrarem que são capazes de adquirirem novos direitos como, por exemplo, os apontados abaixo:

Frequência a curso profissionalizante bem como de segundo grau ou superior, fora do estabelecimento; licenças para visitar a família, em datas ou ocasiões especiais, licenças periódicas combinadas ou não com as de trabalho externo e frequência a curso, para visitar sua família e ir a sua igreja e licença para participar de atividades que concorressem para emenda e reintegração no seio da sociedade.[65]

[65]MIOTTO, Armida Bergamini. **Temas penitenciários**. Revista dos tribunais, 1992. 227 p.

O que se observa, no entanto, é que, na prática, tais direitos não são observados e, ao contrário, existe com certeza é um estímulo positivo para condutas diversas daquelas consideradas com aceitáveis em nível de comunidade, havendo reforço positivo para condutas de uma vida marginal, isto é, à margem da sociedade.

A superlotação nos presídios de Distrito Federal revela a necessidade de reforma no ordenamento jurídico, para inverter tal situação nas penitenciárias do Distrito Federal e em todo o país, pois são calamitosos os estados em que se encontram as penitenciárias e os presídios superlotados, em condições degradantes.

Tal contexto atinge toda a sociedade que recebe os indivíduos que saem desses locais da mesma forma como entraram ou piores. É direito de todos os cidadãos, ainda que tenha cometido algum delito, serem tratados com dignidade e respeito.

Faz se necessário também uma preocupação com os danos psicológicos que a superlotação acarreta aos presos, as primeiras observações são de ordem literária e da sabedoria popular, que demonstram uma relação de causa- efeito entre prisão e psicose, pode-se até mesmo afirmar que o conceito de loucura carcerária se forma primeiramente na massa carcerária e só depois no Médico.

Chegamos à conclusão de que, dos os regimes penitenciários estudados o mais prejudicial para o preso era o Celular, sendo de suma importância as observações críticas que Dikens e Dostievski fizeram sobre os efeitos psicológicos de tal regime celular. Porém no Brasil foi adotado o sistema progressivo Inglês, o se pretende com essa comparação, é tão somente provar que a vida carcerária produz sim, transtornos psicológicos como, por exemplo: a psicose.

> Os estudos de Ganser também significaram importante avanço na compreensão da psicose carcerária, já que incluíram grande parte das psicoses de prisão no círculo da histeria. Ganser classificou a psicose carcerária como um estado crespucular histérico de índole peculiar (falta de consciência, insensibilidade corporal, aparente simulação etc.). [66]

[66]BITENCOURT, Cesar Roberto. **A falência da pena de prisão**. São Paulo: Saraiva, 1993. p. 192-193.

Levando em consideração os princípios de Skinner, o ser humano é compreendido a partir de suas

140

experiências comportamentais dados os reforços (estímulo) que são recebidos em situações específicas que vivencia ao longo da vida, de modo que, se passar por excessivas experiências ruins, ou que lhe desestimulem e diminuam como pessoa, as chances de que essa mesma pessoa torne-se um ser humano ruim serão enormes. [67]

[67]SAMPAIO, Angelo Augusto Silva. Skinner: sobre ciência e comportamento humano. **Psicologia: Ciência e profissão**, Brasília, v. 25, n. 3, set. 2005. Disponível em: <http://pepsic.bvsalud.org/scielo.php?script=sci_arttext&pid=S1414-98932005000300004&lng=pt&nrm=iso>. Acesso em: 03 dez. 2012.

> No meu tempo de menino tínhamos pena dos pobres. Eles cabiam naquele lugarzinho menor, carentes de tudo, mas sem perder humanidade. Os meus filhos, hoje, têm medo dos pobres. A pobreza converteu-se num lugar monstruoso. Queremos que os pobres fiquem longe, fronteirados no seu território. [68]

[68]COUTO, Mia. **O assalto.** [Crônica]. Disponível em: http://www.nossacasa.net/recomeco/0155.htm. Acesso em: 04 dez. 2012.

Conclui-se que os reforços positivos devem se providenciados o mais rápido possível, sendo eles os seguintes: construção de novos presídios, celeridade no julgamento dos presos provisórios, o que já se tem observado no Poder Judiciário do Distrito Federal recentemente, como casos de julgados em menos de cinco meses, porém pode- se melhorar cada vez mais.

E por derradeiro um reforma total no texto da lei de execução penal, com intuito de evitar tratamentos desumanos e degradantes dentro dos ambientes prisionais, passando assim eles a ter o real caráter de reformatório, reabilitando criminalmente os condenados, e não mais influenciando tais apenados ao sentimento de revolta, lá promovendo ensinamentos e divulgação dos direitos e das futuras oportunidades, que conquistaram com a reabilitação nos termos dos artigos 743 e seguintes do Código de Processo Penal, e artigos 93 a 95 do Código Penal Pátrio.

Cumpre informar que as últimas reformas no texto da LEP são significativas, entretanto a lei 7.210/1984 é mais antiga do que a nossa constituição

Merecendo por esse e por outros motivos uma reforma integral em seu texto, as últimas reformas são significativas.

E segundo Guilherme de Souza Nucci são elas as seguintes: assistência às mães presas e ao recém-nascidos alteração feita pela lei 11.942/2009, salas de aulas nos presídios alteração no texto da LEP feita pela lei 12.245/2010, monitoração eletrônica dos presos alteração feita pela lei 12.258/2010 e a alteração no tocante a remição feita pela lei 12.433/2011. No entanto, ainda continua a LEP sendo passiva de uma reforma total principalmente no tocante a prevenção do crime.

Porém a Lei de execuções Penais tem uma deficiência quanto à reabilitação, narra ela que os efeitos da reabilitação serão automáticos, mas isso não acontece na realidade, sendo os obstáculos do condenado enormes como, por exemplo: o preconceito na hora de arrumar um emprego nos primeiros anos em liberdade.

Então que a LEP seja enfim reformada para atender os preceitos Constitucionais e ficar também de acordo com o preconizado na Lei Orgânica do Distrito Federal em seus artigos 2º parágrafo único inciso, II, dos valores fundamentais e artigo 3º, inciso I, dos objetivos prioritários. Segundo Rudolf Von Ihering, o que há deve ceder ao novo já que tudo que nasce necessariamente perecerá.[69]

[69] IHERING, Rudolf Von. **A Luta pelo direito**. Bauru: EDIPRO, 2001. 95 p.

> **Reabilitação**: Beneficio concedido ao condenado a ser requerido quando decorrido dois anos do dia em que for extinta a pena ou terminar sua execução. A reabilitação alcança quaisquer penas aplicadas em sentença definitiva, assegurando ao condenado o sigilo dos registros sobre o seu processo e condenação. (ACQUAVIVA, 2008).

O conhecimento é um vício no universo didático
, frase de autoria de Osmar Francisco dos Santos Junior

Jesus Cristo Vive

YESHUA ARAMACHIA

KADOSH

DEUS PAI PASSA A FRENTE.

Do livro de Jó capítulo 1 versículo 21.

JESUS AMADO.

16. CONSIDERAÇÕES FINAIS

Frente a esse caos nas penitenciárias do Distrito Federal, e com a pequena análise feita sobre o problema levando em conta as dificuldades encontradas para a realização desta tarefa, foi possível compreender que, o sistema penitenciário Brasiliense necessita de uma rápida reestruturação, com um caráter moderno e humanitário. O estudo bibliográfico teve o condão de auxiliar na execução dessa empreitada, focando sempre um texto com vista para um aspecto atual e crítico.

Utilizando como meios de pesquisa os trabalhos e o posicionamento dos órgãos oficiais, relatórios capazes de demonstrarem com veracidade o problema da desagregação, desumanização, e caos nos Presídios do Distrito Federal.

O estudo da Ressocialização, reabilitação criminal e dos Direitos Humanos, foi o motivo que determinou a conclusão do presente trabalho, tendo em vista as mudanças tão crescentes em nossa sociedade hodiernamente, porém tais mudanças não ocorrem da mesma forma no campo da execução penal. Há sem dúvida um crescimento em série na população carcerária do Distrito Federal nos últimos anos, o que comprova um real aumento na criminalidade.

Necessitando agora mais do que nunca, de uma reforma na Lei de Execução penal, celeridade nos julgamentos dos presos provisórios, construções de novos presídios, e acima de tudo de uma drástica mudança no comportamento dos presos, pois os seus atuais comportamentos e costumes prejudicam a reabilitação criminal, provocando um crescente aumento nos índices de reincidência.

Nascendo tais mudanças no comportamento carcerário, então os apenados só terão a ganhar durante o cumprimento da pena, e mais ainda após o seu término, voltando ao seio social e ao seu estado anterior, não mais entrando em conflito com a lei. As autoridades Políticas que venham a se manifesta em relação à Superlotação nos presídios da capital do Brasil.

Pois cabe ao poder público solucionar o calamitoso problema social, que se agravam dia após dia, juntamente com violência que é uma das crises urbanas mais constantes, fruto do desrespeito à vida em cidadania e a dignidade da pessoa humana, o que se torna com um caráter irracional e hostil a convivência na sociedade.

Entretanto é muito pior o convívio dentro das penitenciárias no tocante ao cumprimento da pena surgindo sérias dificuldades, por inexistência de presídios e ausência de vagas nos existentes, derivando com isso o quadro de superlotação carcerária no Distrito Federal.

As penitenciárias do Distrito Federal são na atualidade uma espécie de mundo minúsculo e esquecido, onde impera o abandono e a revolta, antro de torturas e de tratamentos degradantes e cruéis. Um grande problema social e obstáculo é o preconceito transmitido por parte da sociedade, pois está somente demonstra uma enorme resistência em cooperar com a reabilitação do condenado, não dando o correto apoio.

Muito pelo contrário, não demonstram confiança no condenado e nem ao menos manifestam interesse na recuperação do delinquente, já este deve agir como um atleta mental em quanto recluso, e exercitar mais ainda o psicológico quando vir a ganhar a liberdade e a conviver de novo na sociedade.

As penitenciárias do Distrito Federal, como se encontram superlotadas mais agride mental e fisicamente os que nela se encontram do que ressocializam, o que faz surgir nos presos, um sentimento de insegurança e de que sua integridade física e moral não estão garantidas, em consequência agem com mau comportamento, pois se sentem como simples objetos jogados são praticamente representados por números.

No nosso país a política penitenciária nacional, é realizada por intermédio do Ministério da Justiça, por meio do Conselho Nacional de Política Penitenciária e do Departamento Penitenciário, e a reabilitação criminal para readaptação do condenado é possível sim. Porém, só se reverter à atual situação de superlotação, descaso com os direitos humanos e o cumprimento da missão do ministério da justiça e dos demais órgãos responsáveis pela política nacional penitenciária.

Para realização do presente trabalho, utilizaremos bibliografia que trata sobre o assunto, relatórios de órgãos oficiais, materiais extraídos da Internet, jornais de grande circulação local, entrevistas, salientando-se o que tem de mais atual sobre legislações, jurisprudências, doutrinas e periódicos concernentes ao tema.

O que já existia há muito tempo em vários Estados do país hoje acontece na capital da república, um grande encarceramento com déficit de vagas que chegam a ultrapassar 50% da capacidade de acolhimento. Presos tratados sem as mínimas condições exigíveis, ausência da dignidade da pessoa humana.

Constata-se a falência do estado em relação em cumprir o seu papel, há sim um pequeno degredo, pois, os presos que vivem no mundo penitenciário foram esquecidos após a sentença penal condenatória. A lei de execução Penal não é cumprida, ou seja, é tão somente um sonho que estamos distantes de se realizar, porém não algo que, não possa ser realizado, muito pelo contrário é possível, necessitando apenas de um passo do poder público.

[...] O direito exige um labor continuo que envolve não apenas o poder do Estado como toda população. A espada sem balança é força bruta, ao passo que a balança sem a espada é a impotência do Direito. O Direito não constitui um simples conceito- é uma força. Eis a razão porque vemos a justiça segurando numa mão a balança por meio da qual o Direito é pesado e na outra a espada por meio da qual o Direito é defendido. [70]

[70]IHERING, Rudolf Von. **A Luta pelo direito.** Bauru: EDIPRO, 2001. p. 25.

A própria pena tem dois caráteres no seu conceito, mas só podemos visualizar no Brasil o lado repressivo, punitivo e retribuitivo, onde está o lado educador, ressocializador, há uma omissão do Poder Público que agora não reabilita os condenados. E ainda os esquecem em presídios superlotados, nas piores das condições, ilegalidades morais e físicas lá imperam. Um clima de adversidade, não de cooperação.

O preso dever querer mudar sua postura, porém só conseguirá, com a real manutenção dos seus direitos, pois ele espera por isso, ele quer velos não só no papel. Se isso acontece o comportamento por parte do apenado seria melhor. Faz-se necessário incentivá-lo ao trabalho.

Pois de acordo com Cezar Roberto Bitencourt, o trabalho tem uma enorme função reabilitadora, Montesinos participa da ideia, que ainda se mantém sólida, de que o trabalho é o melhor instrumento para conseguir para conseguir o propósito reabilitador da pena. O trabalho tem a propriedade de "Diminuir a repugnância que tinha o antigo mal-estar dos presidiários, e inspirar-lhes, sobretudo o amor pelo trabalho, que fosse capaz de conter ou de extinguir a poderosa influência de seus vícios e maus hábitos".

O trabalho durante a o cumprimento da pena é essencial para que o apenado se emende. E muitos que estão na prisão um dia já trabalharam, alguns recebem até o denominado auxilio reclusão, benefício devido aos dependentes do preso e de cunho previdenciário.

O instituto tem sua proteção na Constituição Federal e visa cumprir o comando aduzido no do art. 226 da CF/88, que tem a finalidade de dar uma especial proteção à família núcleo e base da sociedade, sendo

150

papel do Estado essa ação protetora. Na esfera previdenciária, a família é protegida através dos benefícios de pensão por morte e auxílio-reclusão

Porém existem doutrinadores que discordam chegando até mesmo a dizer que é o auxílio reclusão inconstitucional, é segundo Sergio Pinto Martins deveria ser aniquilado do ordenamento jurídico:

[...] Eis um benefício que deveria ser extinto, pois não é possível que a pessoa fique presa e ainda a sociedade como um todo tenha de pagar um benefício à família do preso, como se este tivesse falecido. De certa forma, o preso é que deveria pagar por se encontrar nesta condição, principalmente por roubo, furto, tráfico, homicídio, etc. SÉRGIO PINTO MARTINS DIREITO DA SEGURIDADE SOCIAL. EDITORA ATLAS. 22ª EDIÇÃO. SÃO PAULO. 2005. OB.CIT. PG. 414[...]

Mais por mais que seja criticado o benefício sendo é uma prestação pecuniária, de cunho substitutivo, que se destina a suprir, ou pelo menos diminuir, a ausência do mantenedor das necessidades econômicas dos familiares do preso. Pois deve tão somente o condenado adimplir e arcar com as consequências de seu crime tal responsabilidade não jamais se estendida aos seus dependentes e familiares.

Dispõe o art. 80 da Lei nº 8.213/1991 trás como requisitos para se obter o benefício do auxílio-reclusão que são os seguintes: ser o segurado recolhido à prisão; não estar recebendo nenhuma remuneração da empresa ou outro benefício previdenciário, o caráter de dependente do requerente, juntamente com comprovação de que o preso era no momento da prisão, segurado perante ao INSS.

A Emenda Constitucional nº 20/1998 fez uma alteração na redação do art. 201, IV, passando a exigir do segurado que seja membro de família de baixa renda a carência de contribuições não é necessária, como ocorre no benefício de pensão por morte.

Não se pode deixar de falar do pecúlio, que em termos gerais é um dinheiro acumulado por economia ou trabalho, a palavra pecúlio vem do latim Pecus, que quer dizer gado. Pois na Roma Antiga tinha- se o hábito de avaliar os bens de um cidadão pela quantidade do gado que o mesmo possuía.

O trabalho do preso não está subordinado às regras da Consolidação das Leis do Trabalho (CLT). Apesar das semelhanças exigidas na Lei de Execução Penal entre o trabalho prisional e o trabalho livre, aquele deste se distancia e muito quanto à sua natureza. O preso não tem, pois, alguns direitos como, por exemplo, às férias,

13°(décimo salário) e outros benefícios que se concedem ao trabalhador livre.

O trabalho do preso e do internado deve ser remunerado adequadamente, nos termos legais, o trabalho será remunerado mediante prévia tabela, não podendo ser inferior a três quartos do salário mínimo Art. 29 da LEP. Prevê ainda a lei, que, se providas as destinações a que ela obriga, deve ser depositada a parte restante para constituição do Pecúlio, em caderneta de poupança, que será entregue ao condenado quando em liberdade Art. 29, §2° da LEP.

A disposição de pecúlio ao preso é importante, pois para que quando em liberdade possa sobreviver e adquirir trabalho e se ajustar ou reajustar ao convívio social. A lei determina que os maiores de sessenta anos poderão solicitar ocupação adequada à sua idade Art. 32, §2° da lei de execuções penais e que os doentes ou deficientes físicos somente exercerão atividades apropriadas ao seu estado Art. 32, §3° da Lei 7.210/1984.

O trabalho deve ser suficiente para ocupar o preso durante a duração de uma jornada normal. A Lei de Execução Penal estabelece o limite máximo de oito horas e o mínimo de seis horas para a jornada normal de trabalho

Art. 33, caput da LEP, devendo haver descanso nos domingos e feriados.

Portanto é possível concluirmos, que com a anomia nasce uma desigualdade social enorme fora do mundo penitenciário, onde até os que adotam uma conduta escorreita sofrem, com a exclusão, não seria diferente com os condenados, isto é, são eles esquecidos pelo poder público é pela sociedade na qual um dia já fizeram parte.

Quando a sociedade e os condenados, entender que ambos têm um papel a cumprir, será então o despertar para a reabilitação do condenado, pois um não agirá sem o outro, devido ao fato de ser o homem um ser social, e a sociedade um grupo formado por homens. Então, pode, deve e é um direito do ser humano voltar ao estatus co antes, quando do cumprimento de sua reprimenda.

[...] "habilitas, àtis. Cic. Aptidão, destreza, disposição, facilidade natural para alguma causa". No vernáculo pátrio, acrescentou-se o prefixo "RE", formando então o vocábulo " reabilitação". Os dicionários da língua Portuguesa versam, invariavelmente, sobre o aspecto jurídico do termo. Dispiciendo discorre sobre outros, os dicionários técnicos. Se habilitar é torna hábil, apto, capaz, credenciado, reabilitar é devolver todas essas qualidades e prerrogativas àquele que, um dia delas se viu privado destituído máxime se por for força de decisão judicial de caráter punitivo penal. ROMEU FALCONI. REABILITAÇÃO CRIMINAL. EDITORA: ICONE COLEÇÃO ELEMENTOS DE DIREITO SÃO PAULO 1995. OB. CIT. PG.39. [...]

E com toda pesquisa feita nota- se nos condenados um animus de se ressocializar e ter uma vida digna, então pegue o Estado essa vontade subjetiva e trabalhe em cima da mesma, estará ressocializando pessoas e promovendo a paz social, deve dar um suporte para o condenado nos últimos instantes da sua pena, por mais que o trabalho comece no início do cumprimento da sanção pena, não poderá também o estado se distancia do egresso após o cumprimento da pena, nesse momento deverá haver não uma vigilância, mas sim um apoio moral consolidando assim a completa dignidade da pessoa humana.

De acordo com José Afonso da Silva, há outras normas jurídicas, inclusive de Direito internacional, que o Brasil o Brasil e suas autoridades têm que respeitar, isto é, nosso país é subscrito das declarações universal e americana dos Direitos Humanos.

[...] o que agora por força do parágrafo 2º do art. 5º, lhe impõe, quando nada a consideração de que a pessoa humana tem uma dimensão supranacional que mereceu um mínimo de respeito e postula um tratamento condigno, ao menos no tange àqueles direitos de natureza personalíssima. Quando o art. 1º põe a Dignidade da Pessoa Humana como um dos fundamentos do Estado Democrático de Direito faz uma proclamação de valor universal, aí sim, abrangente do ser humano. JOSÉ AFONSO DA SILVA. CURSO DE DIREITO CONSTITUCIONAL POSITIVO. 35ª EDIÇÃO. MALHEIROS EDITORES 01. 2012. ob. cit. Pg. 193.[...]

É preciso mudar a visão da sociedade sendo está menos preconceituosa, ou até mesmo incentivadora da reabilitação, o homem preso deve mudar suas atitudes na prática, com ações dia após dia, tal trabalho é árduo, é a médio e longo prazo, não devendo ele deixar que as decepções o prejudiquem nessa empreitada, pois agora ele tem uma responsabilidade com sigo mesmo, que refletirá beneficamente na sua família e também no coletivo social.

O Estado tem um limite na punição e um dever de ressocializar, pois os que se encontram dentro desses presídios também algum dia deram sua parcela de contribuição, devem ser vistos como seres humanos em regimes de readaptação social, pode sim as penitenciárias serem transformadas em hospitais e escolas morais, fortalecendo os valores que são inerentes a todos os seres humanos e respeitando o à dignidade do preso, pois esta sobrepõe a condenação.

Segundo Cezar Roberto Bitencourt, Montesinos não foi um simples teórico. Executou suas ideias. Nos presídios de Valência, por exemplo, impôs uma prática penitenciária que refletia o respeito pela pessoa do preso: não se aplicavam ao recluso medidas ou tratamentos que fizessem recair sobre ele uma nota de infâmia ou desonra.

> Montesinos tinha a firme convicção de que a prisão deveria busca a recuperação do recluso. A função era devolver à sociedade homens honrados e cidadãos trabalhadores. Não acreditava que devesse servir somente para modificar o recluso. Embora essa ideia pareça lógica e evidente, ainda hoje, em muitos setores sociais encontra-se enraizado o conceito de que a prisão é um lugar onde se deve propiciar o sofrimento e a mortificação do delinquente.[71]

[71] BITENCOURT, Cesar Roberto. **A falência da pena de prisão**. São Paulo: Saraiva, 1993. p. 91.

A superlotação carcerária no Brasília demonstra um descaso das autoridades com os condenados, suprimindo deles a paz psicológica, dignidade e isso não contribuem para a reabilitação criminal, o poder público deve promover políticas e programas que erradiquem a criminalidade não só com o controle social formal, mas sim preventivamente.

Pois futuramente as outras gerações não só devem ter direitos ao meio ambiente equilibrado e sustentável, mais também direito a ter direitos, direito a uma vida com paz social onde o crime não tenha tão grande escala. E os

157

poucos que delinquirem que voltem após a reprimenda estatal, a viver em uma sociedade pacifica reabilitado, isso é uma das maiores essências da justiça social.

É preciso inovar os meios de controle social, e a justiça restaurativa é uma ótima opção, pois de acordo com Teresa Lancry de Gouvea, a justiça restaurativa, é um a tarefa de correção de reposição mais também uma ideologia própria que inclui valores que perpassam a relação vítima – agente e mesmo agente – comunidade. Procura-se, acima de tudo, que o agente apreenda a necessária consciência ético-valorativa vigente na sociedade onde se insere através de um processo que o vai colocar frente- a- frente com os danos que sua conduta causou a outrem.

Quando pensamos em "Justiça Restaurativa", é essencial se torna antes mesmo de recairmos sobre o significado do segundo vocábulo, tomarmos em consideração o primeiro termo. Encontrando- nos no âmbito do Direito Penal Lato Sensu, quando pesamos na justiça que aqui é aplicada pelos Tribunais temos em mente a aplicação da lei para que, entre outras as perspectivas, seja levada a cabo uma finalidade de prevenção geral positiva, ou seja, para que a sociedade- através dos seus membros- veja restabelecida a paz social que fora abalada pelo crime, isto é, para que sinta que lei vigente é efetivamente aplicada e, assim para que aqueles que se integram possam desenvolver livremente a sua personalidade no seu seio. [72]

[72] ROBALO, Teresa Lancry de Gouvea de Alburquerque e Sousa. **Justiça restaurativa**. Um caminho para a humanização do direito. Texto em português lusitano. Curitiba: Juruá, 2012. p. 19.

Eu, Osmar Francisco dos Santos Junior, sou Reabilitado Criminalmente, nos termos do ART 743 do Código de processo penal.

Hino da Harpa Cristã número 15. Bendito seja o nome de Jesus o nome acima de todo outro nome.

Por onde andei a mão do Senhor sempre esteve sobre mim.

Glória a Deus Aleluias.

Jesus Digno de louvor

Louvor: Fidelidade, Retirar minha pedra, na mesa do Rei, eu sou um milagre, Terra seca, espírito santo és bem-vindoaqui, é o desejo do meu coração.

Lindo, lindoés.

Salmo 91:14Porquanto tão encarecidamente me amou, também eu o livrarei; pô-lo-ei em retiro alto, porque conheceu o meu nome.

Toda alma esteja sujeita às autoridades superiores, pois não há autoridade exceto por

159

Deus, as autoridades existentes acham-se colocadas por Deus nas suas posições relativas. Portanto, quem se opõe à autoridade, tem tomado posição contra o arranjo de Deus; os que têm tomado contra este receberão um julgamento para si mesmos. [73]

[73]TRADUÇÃO DO NOVO MUNDO DAS ESCRITURAS SAGRADAS. Rom. Cap. 13. Vers. 1-2./Salmo 91:14

Vocês, orem assim: 'Pai nosso, que estás nos céus! Santificado seja o teu nome. Venha o teu Reino; seja feita a tua vontade, assim na terra como no céu. Dá-nos hoje o nosso pão de cada dia. Perdoa as nossas dívidas, assim como perdoamos aos nossos devedores. E não nos deixes cair em tentação, mas livra-nos do mal, porque teu é o Reino, o poder e a glória para sempre. Amém'.Mateus 6:9-13[74]

[74] Bíblia Sagrada João Ferreira de Almeida Revista e Atualizada.

17. REFERÊNCIAS

ACQUAVIVA, Marcus Cláudio. **Dicionário Acadêmico de Direito**. 6. ed. São Paulo: Método, 2008.

AZEVEDO, Rodrigo Ghiringhelli de; CARVALHO, Salo de. (Coord.) **A crise do processo penal e as novas formas de administração da justiça criminal organização**. Porto Alegre: Notadez, 2006. 284 p.

BECCARIA, Cesare marchese di. **Dos delitos e das penas**. 2 ed., rev. e atual. . São Paulo: Revista dos tribunais, 1999. 149 p. (RT Textos Fundamentais).

BÍBLIA SAGRADA JOÃO FERREIRA DE ALMEIDA Revista e Atualizada.

BITENCOURT, Cesar Roberto. **A falência da pena de prisão**. São Paulo: Saraiva, 1993.

BRASIL, **Lei de Execução Penal.** Lei n. 7.210 de 11 de julho de 1984.   Institui a Lei de Execução Penal. Disponível   em: http://www.planalto.gov.br/ccivil_03/leis/L7210compilado.ht m. Acesso em: 04 dez. 2012.

BRASIL. **Código Penal.** Decreto-Lei n. 2.848, de 7 de dezembro de 1940.

BRASIL. Constituição (1967). **Constituição da República Federativa do Brasil de 1967**. Disponível em: <http://www.planalto.gov.br/ccivil_03/constituicao/constituic ao67.htm>. Acesso em: 22 nov. 2012.

BRASIL. Constituição (1988). **Constituição da República Federativa do Brasil**, promulgada em 5 de outubro de 1988. Disponível em: <http://www.planalto.gov.br/ccivil_03/constituicao/constituicao.htm>. Acesso em: 22 nov. 2012.;

CAPEZ, Fernando. **Execução penal simplificado**. São Paulo: Saraiva, 2012. 202 p.

CARNELUTTI, Francesco. **As misérias do processo penal**. Campinas, SP: Servanda, 2010. 128 p.

CHIAVENATO, Idalberto. **Gestão de pessoas**. 2. ed., rev. atual. Rio de Janeiro, RJ: Elsevier, 2004. xxxv, 579 p.

COMPARATO, Fábio Konder. **A afirmação histórica dos direitos humanos**. 2. ed. São Paulo: Saraiva, 2001. xiv, 488 p.

COUTO, Mia. **O assalto**. [Crônica]. Disponível em: http://www.nossacasa.net/recomeco/0155.htm. Acesso em: 04 dez. 2012.

DIAS, Reinaldo. **Sociologia do direito**: a abordagem do fenômeno jurídico como fato social. São Paulo: Atlas, 2009. x, 237 p.

FARIAS JUNIOR, João. **Manual de criminologia**. Curitiba, PR: Juruá, 2001.

FARIAS, Kamila, Processos penitenciários estão parados por falta de vagas, **Jornal de Brasília**, 17 ago. 2012.

FIORELLI, José Osmir; MANGINI, Rosana Cathya Ragazzoni. **Psicologia Jurídica**. 2. ed. São Paulo: Atlas, 2010. x, 426 p.

FOUCAULT, Michael. **Microfísica do poder.** Rio de Janeiro: Graal, 2001. 295 p.

FOUCAULT, Michael. **Vigiar e punir**: nascimento da prisão. 28. ed. Rio de Janeiro, RJ: Vozes, 2004. 288 p.

GAUER, Ruth Maria Chittó (ORG.). **Criminologia e sistemas jurídico-penais contemporâneos II**. Porto Alegre: EDIPUCRS, 2010. 352 p.

GOMES, Luiz Flávio. **Direito penal do inimigo**: (ou inimigos do direito penal). Revista Jurídica Unicoc, Ano II, n.º2, 2005.

GRECO, Rogério. **Curso de direito penal: Parte geral.** 14. ed. Rio de Janeiro: Editora Impetus, 2012. 784 p. ISBN 9788576265603 (v. 1).

HOUAISS, Antônio, VILLAR, Mauro de Salles; FRANCO, Francisco Manoel de Mello. **Dicionário Houaiss da língua portuguesa**. Rio de Janeiro: Objetiva, 2009. lix, 1986 p.

IHERING, Rudolf Von. **A Luta pelo direito.** Bauru: EDIPRO, 2001. 95 p.

Jornal de Brasília e Correio Brasiliense.

KRAMER, Maurício. **Síntese histórica do pensamento jurídico**: Direito Penal Romano, Germânico, Comum e Canônico. Escolas e tendências penais: Escola Clássica, Primitiva e Técnico-jurídico. Evolução histórica do direito penal Brasileiro o período colonial, império e republicano. 2009. Disponível em:

http://www.ebah.com.br/content/ABAAAAsC8AE/direito-penal. Acesso em: 26 nov. 2012.

MIOTTO, Armida Bergamini. **Temas penitenciários**. Revista dos tribunais, 1992. 227 p.

MIRA Y LÓPEZ, Emilio. **Manual de psicologia jurídica**. São Paulo: Mestre Jou, 2007. 386 p. (Coleção psicanalítica).

MIRABETE, Julio Fabbrini; FABBRINI, Renato N. **Manual de direito penal**: parte geral do CP. 26. ed. São Paulo: Atlas, 2010. 518 p. ISBN 9788522458035 (v.1).

MUAKAD, Irene Batista. **Pena privativa de liberdade**. São Paulo: Atlas, 1996.

NASCIMENTO, Elimar Pinheiro do; BARREIRA, Irlys Alencar F. **Brasil urbano**: cenários da ordem e da desordem. Notrya, c199. 256 p.

NUCCI, Guilherme de Souza. **Leis penais e processuais penais comentadas**. 5. ed. São Paulo, SP: Revista dos tribunais, 2010.

OLIVEIRA, Fernanda Amaral de. Modelos penitenciários no século XIX. **Revista Virtú**, Juiz de Fora, MG, v. 5, n. 6, 2010.

PIRES, Teresinha Inês Teles. **O primado da razão prática em Kant**: Teresinha Inês Teles Pires. Porto Alegre, RS: Núria Fabris, 2012. 183 p.

RAMOS, Graciliano. **Memórias do cárcere**. 39. ed. Rio de Janeiro: Record, 2002.

ROBALO, Teresa Lancry de Gouvea de Alburquerque e Sousa. **Justiça restaurativa**: um caminho para a humanização do direito. Texto em português lusitano. Curitiba: Juruá, 2012. 304 p.

ROUSSEAU, Jean-Jacques. **O contrato social**: (princípios de direito político). 19. ed. Rio de Janeiro: Ediouro, 1999. 145 p. (Clássicos de Bolso).

ROXIN, Claus. **Política Criminal y Sistema Del Derecho Penal**. 2. ed. Buenos Aires: Hammurabi, Jose Luis de Palma, 2000. 118 p.

SAMPAIO, Angelo Augusto Silva. Skinner: sobre ciência e comportamento humano. Psicologia: Ciência e profissão, Brasília, v. 25, n. 3, set. 2005. Disponível em: <http://pepsic.bvsalud.org/scielo.php?script=sci_arttext&pid=S1414-98932005000300004&lng=pt&nrm=iso>. Acesso em: 03 dez. 2012.

SILVEIRA, Alípio. Prisão albergue e regime semi-aberto: legislação, doutrina e jurisprudência. São Paulo: BrasilLivros, 1981, v. 1, p. 13.

TRADUÇÃO DO NOVO MUNDO DAS ESCRITURAS SAGRADAS.

TZITZIS, Stamatios. **Filosofia penal**. Trad. Mário Ferreira Monte Legis, 1994. 123 p. (La Philosophie Pénal).

VIEIRA, Jair Lot. **Código de Hamurabi**: código de Manu. Bauru: EDIPRO, 2000. (Clássicos)

WEBER, Max. **Economia e sociedade**: fundamentos da sociologia compreensiva. 4. ed. Brasília: Editora Universidade de Brasília, 2000. 422 p.

18. ANEXO

GOVERNO DO DISTRITO FEDERAL
CENTRO DE ASSISTÊNCIA JUDICIÁRIA DO DF
– DEFENSORIA PÚBLICA –
NÚCLEO DE ASSISTÊNCIA JURÍDICA DO FÓRUM MIRABETE

Brasília-DF, 04 de setembro de 2012

Senhor Diretor do cartório

OSMAR FRANCISCO DOS SANTOS JÚNIOR, estudante do 9° período do **IESPLA- INSTITUTO DE ENSINO SUPERIOR PLANALTO- DF** e estagiário, colaborador pela Defensoria pública do Distrito Federal, Matrícula CEAJUR- 10.165, onde colabora as terças e quintas no Núcleo Fabrini Mirabete, telefone: 3905-1772 pretende colher informações de pesquisa de campo, perante Cartório da VEP- DF com finalidade acadêmica para Trabalho de Conclusão de Curso "**Monografia**".

TEMA: **SUPERLOTAÇÃO NOS PRESÍDIOS DO-DF**. Visa obter dados atuais sobre a população carcerária do DF, e o total de vagas e o suposto déficit no quadro de vagas.

Nesta oportunidade, roguer um relatório e dados referentes ao assunto de Superlotação no sistema carcerário de Brasília nos últimos anos, mais precisamente no ano de 2012.

Esclarecendo que o trabalho tem exclusivamente fins didáticos.

Assim, peço se possível atender-me, pelas razões acima expostas.

Por oportuno, renovar minha admiração pelo trabalho deste Núcleo, Colocando-me à disposição para discussão de tal questão.

Atenciosamente.

Telefone: 061- 93775134, Requerente

OSMAR F DOS SANTOS JÚNIOR, RG: 1756027 CPF: 92350305104

168

PODER JUDICIÁRIO DA UNIÃO
Tribunal de Justiça do Distrito Federal e dos Territórios
VARA DE EXECUÇÕES PENAIS DO DF

Ofício nº 16672/2012

Distrito Federal, 3 de Outubro de 2012.

Autos nº 00593484520128070015
(Processo antigo nº 20120111382499)

A Sua Senhoria o(a) Senhor(a)
OSMAR FRANCISCO DOS SANTOS JÚNIOR
Colaborador da Defensoria Pública do DF, Núcleo de Assistência Judiciária do Fórum
Mirabete
Brasília-DF

Assunto: **Superlotação nos presídios do DF.**

   Senhor Colaborador,

   De ordem do MM. Juiz de Direito da Vara de Execuções Penais do DF e em atenção aos termos da solicitação encaminhada a este Juízo, datada de 04.09.2012, informo a Vossa Senhoria que os dados da Gerência de Controle de Internos da Subsecretaria do Sistema Penitenciário do mês de agosto de 2012, mostram que no Centro de Detenção Provisória há 1048 vagas, havendo 2134 internos recolhidos (déficit de 1086 vagas); no Centro de Internamento e Reeducação há 793 vagas, havendo 1518 internos recolhidos (déficit de 725 vagas); na Penitenciária do DF I há 1584 vagas, havendo 2896 internos recolhidos (déficit de 1312 vagas); na Penitenciária do DF II há 1464 vagas, havendo 2696 internos recolhidos (déficit de 1232 vagas); na Penitenciária Feminina do DF há 504 vagas, havendo 791 internos recolhidos (déficit de 287 vagas) e no Centro de Progressão Penitenciária há 1130 vagas, havendo 1101 internos recolhidos (29 vagas não preenchidas).

   Atenciosamente,

MAGNO BARBOSA DE CARVALHO
Diretor de Secretaria

*A validade dos documentos assinados digitalmente poderá ser conferida em http://www.tjdft.jus.br

317647   001.0015.11130010009/2012.0012.180674-98   03/10/2012 12:44   1/1

DEFENSORIA PÚBLICA DE MATO GROSSO DO SUL
11ª DEFENSORIA PÚBLICA CÍVEL DE SEGUNDA INSTÂNCIA

Excelentíssimo Vice-Presidente do Tribunal de Justiça de Mato Grosso do Sul

Emb. Infr. em Emb. Decl. em Apelação Cível nº 2006.003179-7/0001.01

ANDERSON NUNES DA SILVA, pela **11ª Defensoria Pública Cível de Segunda Instância**, da **Defensoria Pública do Estado**, vem, respeitosamente, perante Vossa Excelência com fulcro nos artigos 102, inciso III, letra "a", da Constituição Federal; 128, inciso I, da Lei Complementar Federal nº 80, de 12 de janeiro de 1994 e 541, do Código de Processo civil, interpor **RECURSO EXTRAORDINÁRIO**, pelas razões a seguir, requerendo sua remessa, ao Supremo Tribunal Federal.

Termos em que,

p. deferimento.

Campo Grande, 15 de junho de 2007.

ALMIR SILVA PAIXÃO
DEFENSOR PÚBLICO DE SEGUNDA INSTÂNCIA

Defensor Público de Segunda Instância Almir Silva Paixão
Parque dos Poderes – Bl. 4 –79031-902 - Campo Grande – MS - Fone/Fax: (67) 318.2500 – E-mail: paixao@tjms.com.br

170

RAZÕES DO RECURSO EXTRAORDINÁRIO

Recorrente: Anderson Nunes da Silva (Defensoria Pública do Estado)
Recorrida: Estado de Mato Grosso do Sul (Procuradoria do Estado)
Emb. Infr. em Emb. Decl. em Apelação Cível nº 2006.003179-7/0001.01

Excelentíssimos Ministros
Excelentíssimas Ministras

1. DA TEMPESTIVIDADE DAS CONTRA-RAZÕES

O Defensor Público de Segunda Instância, a quem coube o acompanhamento dos Embargos Infringentes, tomou ciência do acórdão em 06/05/2007, iniciando-se a contagem do prazo em 11/06/2007, em razão dos feriados nacional (07/06 – Corpus Christi) e estadual (08/06 – Ponto facultativo).

O artigo 508, do Código de Processo Civil, prevê quinze dias para interposição do Recurso Extraordinário, mas como os membros da Defensoria Pública gozam da prerrogativa da contagem em dobro de todos os prazos, nos termos do inciso I, do art. 128, da Lei Complementar n. 80, de 12.01.94, aquele passa para trinta dias, expirando, assim, em 10/07/2007, daí a tempestividade do recurso.

Defensor Público de Segunda Instância Almir Silva Paixão
Parque dos Poderes – Bl. 4 – 79031-902 - Campo Grande – MS - Fone/Fax: (67) 318 2500 – E-mail: paixão@terra.com.br
Documento assinado digitalmente conforme MP nº 2.200-2/2001 de 24/08/2001, que institui a Infra-estrutura de Chaves Públicas Brasileira - ICP-Brasil. O
documento pode ser acessado no endereço eletrônico http://www.stf.jus.br/portal/autenticacao/autenticarDocumento.asp sob o número 922834

2. DA ADMISSIBILIDADE DO RECURSO EXTRAORDINÁRIO

A recorrente interpõe o recurso extraordinário, com fulcro no artigo 102, III, letras "a", da Constituição Federal, por ter a decisão do Tribunal de Justiça contrariado os incisos III, X e XLIX, do artigo 5º e § 6º, do artigo 37, da Lei Fundamental.

O tema se apresenta relevante e transcende o caso sob análise.

José Miguel Garcia Medina, em "O Prequestionamento nos Recursos Extraordinário e Especial", editora Revista dos Tribunais, 4ª ed., pág. 132, ao analisar as hipóteses de cabimento dos recursos extraordinário e especial após o advento da Emenda Constitucional n. 45, assim ministrou:

> ". . .O art. 102, § 3º, da Constituição Federal, por sua vez, estabelece que "no recurso extraordinário o recorrente deverá demonstrar a repercussão geral das questões constitucionais discutidas no caso, nos termos da lei, a fim de que o Tribunal examine a admissão do recurso, somente podendo recusá-lo pela manifestação de dois terços de seus membros". Assim, precisará **o recorrente demonstrar que o tema constitucional discutido no recurso extraordinário tem uma relevância que transcende aquele caso concreto, revestindo-se de interesse geral**. Pode-se dizer, desse modo, que, para admissibilidade do recurso extraordinário, a questão constitucional deverá ser *qualificada* pela característica indicada no art. 102, § 3º, da Constituição Federal. . .". (sem grifo no original)

O presente caso trata do direito à indenização moral que o recorrente tem em razão de ser submetido a tratamento desumano e degradante em face da excessiva população carcerária verificada nos presídios

Defensor Público de Segunda Instância Almir Silva Paixão
Parque dos Poderes – Bl. 4 –79031-902 - Campo Grande – MS - Fone/Fax: (67) 318.2500 – E.mail: paixão@terra.com.br

Documento assinado digitalmente conforme MP nº 2.200-2/2001 de 24/08/2001, que institui a Infra-estrutura de Chaves Públicas Brasileira - ICP-Brasil. O documento pode ser acessado no endereço eletrônico http://www.stf.jus.br/portal/autenticacao/autenticarDocumento.asp sob o número 922834

estaduais, o que por si só já indica a repercussão da decisão aos demais encarcerados, não só deste Estado, mas também dos demais da federação, transcendendo o feito em debate, o que autoriza a interposição do extraordinário já que devidamente prequestionada a matéria.

3 - NO MÉRITO

A decisão proferida nos Embargos Infringentes, embasada no voto do ilustre Relator, modificou a externada na Apelação Cível ao argumento de que não seria razoável a indenização diante das dificuldades financeiras do Estado.

Não observou o acórdão que a Constituição Federal impõe à recorrida a responsabilidade objetiva.

É de se observar, ainda, que o desprezo da recorrida causa ao recorrente sofrimento que não se coaduna com a pena que lhe foi imposta. Pagar pelo que fez à sociedade, através do cumprimento da pena, é o limite legal de constrangimento que o preso pode submeter-se.

Quanto ao constrangimento experimentado pelo recorrente não há dúvidas no presente processo, tanto que o acórdão o admite, no entanto, afasta a indenização em face do orçamento do Estado, isto é, em face da aplicação, em outras palavras, da teoria da reserva do possível.

Os incisos III e X, do artigo 5°, da Constituição Federal, foram flagrantemente violados, uma vez que o recorrente foi submetido a tratamento desumano e degradante que, sem qualquer dúvida, atingiu a sua honra.

Cumpre destacar que a ausência de condições de dignidade para os encarcerados viola o pressuposto nos itens 1 e 2 do artigo quinto da Convenção Americana dos Direitos Humanos – Pacto de São José da Costa Rica, que entrou em vigor no Brasil através do Decreto n°_678, de 06 de

Defensor Público de Segunda Instância Almir Silva Paixão
Parque dos Poderes – Bl. 4 - 79031-902 - Campo Grande - MS - Fone/Fax: (67) 318.2500 – E-mail: paixão@terra.com.br
Documento assinado digitalmente conforme MP n° 2.200-2/2001 de 24/08/2001, que institui a Infra-estrutura de Chaves Públicas Brasileira - ICP-Brasil. O documento pode ser acessado no endereço eletrônico http://www.stf.jus.br/portal/autenticacao/autenticarDocumento.asp sob o número 922534

173

novembro de 1992, com a respectiva adesão do nosso País àquela norma internacional, *in verbis*:

"Artigo 5º - Direito à integridade pessoal

1. Toda pessoa tem direito a que se respeite sua integridade física, psíquica e moral.

2. Ninguém deve ser submetido a torturas, **nem a penas ou tratos cruéis, desumanos ou degradantes. Toda pessoa privada de liberdade deve ser tratada com o respeito devido à dignidade inerente ao ser humano.**"

Os tratados e convenções internacionais, aos quais o Brasil seja signatário, passaram a ter força como se emenda constitucional fosse, conforme o instituído pela Emenda Constitucional nº 45/2004, restando violados, portanto, os incisos III e XLIX, do art. 5º, da Carta Política.

"III - ninguém será submetido à tortura nem a tratamento desumano ou degradante;"

"XLIX - é assegurado aos presos o respeito à integridade física e moral."

Oportuno transcrever trecho da obra do Magistrado gaúcho INGO WOLFGANG SARLET, referindo-se à matéria em comento.

"Num primeiro momento - convém frisá-lo, a qualificação da dignidade da pessoa humana como princípio fundamental traduz a

174

certeza de que o artigo I°, inciso III, de nossa Lei Fundamental não contém apenas (embora também e acima de tudo) uma declaração de conteúdo ético e moral, mas que constitui norma jurídico-positiva dotada, em sua plenitude, de status constitucional forma e material e, como tal, inequivocadamente carregado de eficácia, alcançando, portanto, tal como assinalou Benda - a condição de valor jurídico fundamental da comunidade. Importa considerar, neste contexto, que, na sua qualidade de princípio fundamental, a dignidade da pessoa humana constitui valor-guia não apenas dos direitos fundamentais, mas de toda a ordem jurídica (constitucional e infraconstitucional), razão pela qual, para muitos, se justifica plenamente sua caracterização como princípio constitucional de maior hierarquia axiológico-valorativa".

O princípio da dignidade humana impõe ao Estado, além do dever de respeito e proteção, a obrigação de promover as condições que viabilizem e removam toda sorte de obstáculos que estejam a impedir as pessoas de viverem com dignidade". (A Eficácia dos Direitos Fundamentais – 2ª ed. – Porto Alegre – Livraria do Advogado – 2001, p´. 300)

Na lição de Alexandre de Moraes, os direitos humanos fundamentais são "o conjunto institucionalizado de direitos e garantias do ser humano que tem por finalidade básica o respeito a sua dignidade, por meio de sua proteção contra o arbítrio do poder estatal e o estabelecimento de condições mínimas de vida e desenvolvimento da personalidade humana" ("Direitos Humanos Fundamentais", 4ª ed., Atlas, São Paulo: 2002, p. 39).

Destaque-se que á recorrida incumbe o dever de construir novos presídios, melhorar as condições de vida para os internos dos

Defensor Público de Segunda Instância Almir Silva Paixão
Parque dos Poderes - Bl. 4 - 79031-902 - Campo Grande - MS - Fone/Fax (67) 318.2590 - E-mail: paixão@terra.com.br

estabelecimentos penais e reeducá-los para seu retorno à sociedade, resultando daí a responsabilidade objetiva do Estado do Mato Grosso do Sul para se indenizar o recorrente pelos danos morais sofridos em virtude das péssimas condições de vida a que é submetido no interior do estabelecimento prisional.

Nem se argumente que sendo a população brasileira pobre e o Estado não ter orçamento para construir Presídios e dar uma política prisional correta, outorgando aos encarcerados tratamento humano, melhor que os presos continuem como estão. A equação resultante é simples: Estado alega não ter dinheiro + população inconformada com a violência + sentenciado não tem direito a votar = preso obrigado a sofrer constrangimento.

Para que se coloque uma pá de cal sobre os argumentos embasadores da decisão da recorrida, é de se trazer à lume o Decreto editado e diversas vezes reeditado pelo Governador do Estado - **Decreto "E" nº41, de 18 de maio de 2006**, publicado no **Diário Oficial nº 6731, de 19 de Maio de 2006**, no qual faz as considerações necessárias para decretar a *"Situação de Emergência"* dos Presídios "em decorrência do Colapso do Sistema Penitenciário", *in verbis*:

"(...)

Considerando que o sistema penitenciário possui capacidade para abrigar 3.737 (três mil setecentos e trinta e sete) detentos e abriga 8.266 (oito mil duzentos e sessenta e seis), somando-se a isto 1.696 (mil seiscentos e noventa e seis) detentos, alojados nas Delegacias do Estado, resultando na superlotação com excesso de 6.225 (seis mil duzentos e vinte e cinco) detentos, o que demonstra total desacordo com os artigos 87 e seguintes da Lei nº 7.210, de 11 de julho de 1984, que institui a Lei de Execução Penal;

Defensor Público de Segunda Instância Almir Silva Paixão
Parque dos Poderes – Bl 4 –79031-902 - Campo Grande - MS - Fone/Fax: (67) 318.2500 – E-mail: paixao@terra.com.br
Documento assinado digitalmente conforme MP nº 2.200-2/2001 de 24/08/2001, que institui a Infra-estrutura de Chaves Públicas Brasileira - ICP-Brasil. O documento pode ser acessado no endereço eletrônico http://www.stf.jus.br/portal/autenticacao/autenticarDocumento.asp sob o número 922534

Considerando que, em decorrência da carência de vagas para presos que aguardam julgamento e para os já condenados, o atual quadro do setor se encontra em colapso, pois esta excedendo a condição suportável de manutenção da segurança, higiene e saúde;

(...)

Considerando que no Estado de Mato Grosso do Sul houve ações efetivas de Políticas Públicas na área da Defesa Social, resultando, no aumento, do número de prisões, não tendo havido a devida estruturação adequada do Sistema Penitenciário;

Considerando que, apesar dos investimentos aplicados e mesmo com a conclusão de novos presídios que estão sendo construídos no Estado, a demanda de vagas ficará aquém das necessidades em mais de 100%;

Considerando que a maioria das unidades prisionais do Estado, se encontra em situação de insalubridade e superlotação, inclusive com vários detentos dormindo no chão, sem as mínimas condições de habitalidade;

(...)" (sem grifo no original)

Como se vê, a recorrida confessa de forma expressa e cristalina, que tudo aquilo que o recorrente vem sustentando desde a inicial é verdade. Reconheceu também a recorrida, através de ato do Governador do Estado, o caos que se encontra o sistema prisional estadual, inclusive quanto à excessiva população carcerária, que vem impondo danos aos encarcerados, como ocorre no caso em exame e que gerou a indenização.

Não se pode admitir a aplicação da teoria da reserva do

Defensor Público de Segunda Instância Almir Silva Paixão
Parque dos Poderes – Bl. 4 – 79031-902 - Campo Grande – MS - Fone/Fax: (67) 318.2500 – E mail: paixão@pstu.com.br
Documento assinado digitalmente conforme MP nº 2.200-2/2001 de 24/08/2001, que institui a Infra-estrutura de Chaves Públicas Brasileira - ICP-Brasil. O documento pode ser acessado no endereço eletrônico http://www.stf.jus.br/portal/autenticacao/autenticarDocumento.asp sob o número 922534

177

possível, ao argumento de que o orçamento do Estado não possui recursos suficientes para implementar uma política penitenciária que respeite o ser humano, e que os presos é que deram causa ao tratamento desumano, já que cometeram os crimes.

A vingar esse argumento, não tardará o dia em que a recorrida passará a alegar o princípio da reserva do possível em todas as áreas de sua atuação, como, por exemplo, saúde, habitação, educação, etc., concluindo-se que daqui a diante o Estado irá invocar esse princípio para: *(i)* não fornecer medicamento excepcional ao cidadão carente; *(ii)* não construir escolas e não contratar professores; *(iii)* não prestar mais assistência médica e não construir Postos de Saúde e Hospitais, além de não repassar os valores correspondentes aos duodécimos dos outros Poderes, o que, aliás, já vem sendo praticado pelo atual Governo.

Por todo exposto, requer a esse Supremo Tribunal Federal, seja admitido o Recurso Extraordinário e a ele dado provimento para o fim de, reformando o acórdão do Tribunal de Justiça de Mato Grosso do Sul, condenar o Estado de Mato Grosso do Sul a indenizar o recorrente nos termos do pedido formulado na inicial da ação.

Termos em que,
p. deferimento
Campo Grande, 15 de junho de 2007.

ALMIR SILVA PAIXÃO
DEFENSOR PÚBLICO DE SEGUNDA INSTÂNCIA

Defensor Público de Segunda Instância Almir Silva Paixão
Parque dos Poderes – Bl. 4 –19031-902 – Campo Grande – MS - Fone/Fax: (67) 318.2500 – E-mail: paixão@terra.com.br
Documento assinado digitalmente conforme MP nº 2.200-2/2001 de 24/08/2001, que institui a Infra-estrutura de Chaves Públicas Brasileira - ICP-Brasil. O documento pode ser acessado no endereço eletrônico http://www.stf.jus.br/portal/autenticacao/autenticarDocumento.asp sob o número 922534